TÚ TAMBIÉN
PUEDES TENER

PELAZO

María Baras

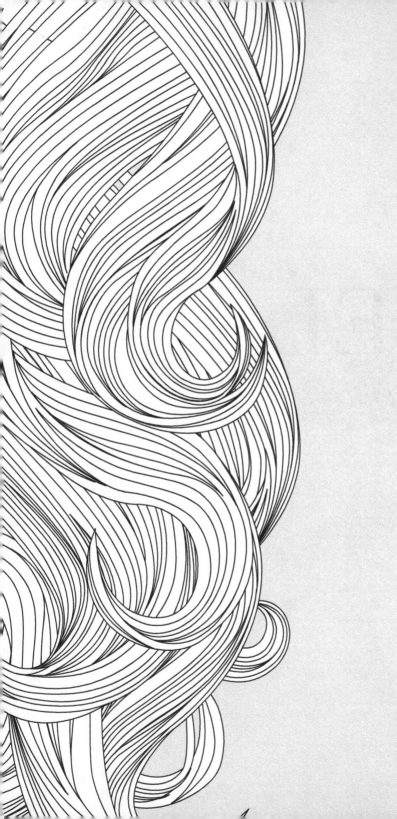

TÚ TAMBIÉN
PUEDES TENER

PELAZO

María Baras

@saloncheska

*Todo lo que tienes que saber para
el cuidado perfecto de tu cabello*

Editado por HarperCollins Ibérica, S.A.
Núñez de Balboa, 56
28001 Madrid

Diseño de maqueta: María Pitironte
Dibujos de interior: Minerva Miralles
Diseño de cubierta: Lookatcia
Foto de la autora: Paco Navarro
Maquetación: Safekat

I.S.B.N.: 978-84-9139-533-1
Depósito legal: M-7759-2020

Índice

PRESUME

de

pelo diez

Todos queremos tener un cabello sano, brillante y precioso porque sabemos lo mucho que significa, lo que acompaña y adorna. Está claro que hay mil cosas más importantes en la vida, pero esta pequeñez nos hace sentirnos más seguros cuando nos miramos al espejo.

$\mathcal{Y}$o tengo la suerte de guiar a muchas mujeres y a algunos hombres en el camino para conseguir este feliz objetivo. Porque al fin y al cabo, ¿no es esto la felicidad? No hay nada que más me guste que ver la sonrisa en el rostro de mis clientas cuando salen de mi salón, eso y el hecho de saber que su día a día será mucho más fácil, ya que con nuestros colores, cortes y tratamientos y, sobre todo, con nuestros consejos y trucos ayudamos a muchas jóvenes y mujeres a que sean un poco más felices.

Por eso, cuando Belén Junco, directora adjunta de *Hola,* me propuso hace ya seis años escribir mis consejos en un blog, me pareció una grandísima idea. Me consta que sois muchas a las que he ayudado con mis *posts*, pues aunque apenas yo les daba importancia porque pensaba que era algo universalmente conocido, me di cuenta pronto de que lo que para mí era rutinario, para cada una de mis clientas y lectoras era un recordatorio o un descubrimiento muy útil para lucir bellas a diario.

Me encanta y me anima cuando me comentan lo interesante de un truco u otro, cuando me dicen que lo han puesto en práctica y que les ha funcionado. Estoy en contacto con las editoras de belleza de las revistas de moda más punteras del país, que me llaman para que les dé mi opinión no solo de tendencias de moda, de qué color se llevará este año o de cuál es el corte de la temporada, que también, sino de cómo cuidar el cabello rizado, cómo conseguir volumen cuando se tiene el pelo fino y para hablar de mitos, porque, aunque ahora tenemos mucha información, parece que lo básico, o no llega o se olvida, así que siempre conviene recordarlo.

En estos veinte años que llevo en la profesión de peluquería he aprendido mucho y he desarrollado mis propias teorías. Creo en ellas porque son fruto de mi aprendizaje y de mi experiencia personal, tanto en el salón como fuera de él, donde he tenido la suerte de participar en charlas y ponencias con expertos dermatólogos, nutricionistas, tricólogos y otros estilistas, verdaderos gurús del cabello con los que he compartido vivencias que me han llenado de sabiduría.

Si los consejos que te voy a dar los haces hábitos, cuidarás el pelo sin darte cuenta: desde el lavado del cabello —en el que puedes incorporar un masaje craneal increíble que active la circulación de la sangre y oxigene el cuero cabelludo generando un pelazo— hasta el modo de hacerte una coleta para no romper el pelo de forma irreversible, o conseguir cuando la sueltes una onda en el cabello. Por eso me gusta tanto hablar con mis clientas. Con este ánimo, el de seguir ayudando con consejos, comienzo este libro, en el que te hablaré de lo que más me gusta, de mi pasión: sacar el mayor partido a tu pelo.

Mucho de lo que vas a leer lo sabrás, porque no hablo de nada nuevo, sino de algo conocido, como va a ser, por ejemplo, cepillarse el cabello. Este es el gesto de belleza más antiguo y que yo considero más importante. En nuestro maravilloso Museo Arqueológico Nacional de Madrid tenemos peines desde la prehistoria hasta nuestros días y las herramientas para moldear y adornar el cabello también son numerosas. Sin embargo, hay mucha gente que no se cepilla bien porque no sabe ni cómo ni cuándo hacerlo.

El cuidado del cabello es algo tan interiorizado que fluye en mí de manera instintiva desde mi niñez. En cada paso que he dado, en cada consejo que he recibido, siempre pienso lo mismo: «Eso ya me lo dijo mi madre». No puedo evitarlo.

★

Mi madre fundó mi salón de peluquería
hace ya cincuenta
años junto con mi padre,
y lleva toda la vida
dedicada al cuidado del pelo, por lo cual muchas
de las recomendaciones que yo predico las hago porque
ella me las enseñó y yo las viví desde niña. A veces es
gracioso cómo las adapto a los nuevos tiempos, pero la
esencia está ahí. Luego soy muy curiosa y me encanta
contrastar esa información con expertos y saber si
realmente las cosas son así.

★

CAPÍTULO I

Tu
PELO SABE
lo que comes

Que somos lo que
comemos está más que
demostrado, pero que
la salud de nuestro cabello
tiene su base en la
alimentación, no todo
el mundo lo tiene claro.
Por eso siempre comienzo
hablando de esto cuando
me preguntan por las
claves para conseguir
un pelo bonito.

uchas son las veces que les he comentado a clientas o amigas que revisaran sus hábitos alimentarios debido a la debilidad y la falta de brillo de su cabello. Incluso les he aconsejado hacerse una analítica para que comprobaran sus niveles de hierro, cinc, magnesio... También sé a menudo cuándo han comenzado una dieta sin control solo con tocarles el pelo. Y es que es de una dieta equilibrada de donde vienen los nutrientes que componen el cabello, y la falta de ellos da como resultado un pelo sin vida, flojo y falto de brillo, que puede provocar su caída y debilitamiento.

En mi casa la alimentación siempre se ha cuidado mucho, afortunadamente, y la salud del cabello ha estado muy presente. No en vano mi madre, Cheska, practicó con sus hijos todo lo que iba aprendiendo del mundo del cabello. Yo me he criado con frases como «el hierro de las lentejas, las espinacas y los filetes de hígado son fundamentales para la piel y el pelo, hija». Decía que me daría energía y me crecería el pelo más fuerte. Y es que siempre fui una niña flojita, con anemia y el pelo muy fino y delicado. Mi madre tenía toda la razón... ¡como siempre!

Miro fotos de mi infancia y juventud y creo que soy de las pocas que tengo ahora el pelo mucho mejor que entonces. Será por todos los cuidados que le dedico, pero te confieso que el primero lo obtengo de la alimentación y es lo que más noto.

Por eso es fundamental repasar los alimentos clave para tener un cuero cabelludo y un pelo saludables. Te diré cuáles son mis favoritos y cómo los introduzco en mi dieta —que, por cierto, van más allá de los filetes de hígado que mis hermanos y yo aborrecíamos y que con tanto cariño nos preparaba mi madre—. Pero para hablar de la alimentación no me queda más remedio primero que hacer una rápida introducción de la estructura del cabello. De esta forma entenderás de verdad qué hace cada nutriente por tu salud capilar.

Todavía recuerdo mi primera clase de peluquería donde nos explicaron la estructura del pelo con una comparación muy bonita: con un árbol. El cabello tiene dos partes, la exterior es el tallo piloso del pelo —el tronco del árbol— y la interior es el folículo piloso —la raíz del árbol—.

El tallo piloso a su vez se divide en tres partes o tres capas:

Cutícula. Esta es la capa protectora exterior. Son como escamas de pez que pueden ser fácilmente dañadas por agentes externos. Las famosas escamas que al cepillar se alinean provocando efecto espejo y llenando de brillo la melena. Es la más delicada, la que más cuidados necesita, y puede ser reparada.

> **Córtex.** También llamada corteza. La capa interna del pelo donde está la médula. Forma el setenta por ciento de la estructura del cabello y de ella dependen la elasticidad y la resistencia del mismo.
>
> **Médula.** Es la zona interior o núcleo del cabello y está constituida por células de queratina.

Cada folículo piloso tiene una glándula sebácea que lo mantiene lubricado con el sebo que segrega la glándula. El cabello está compuesto por la proteína de la queratina y de otros minerales como magnesio, silicio, cobre o cinc, y para que esté saludable debes incluir en tu dieta alimentos ricos en estos nutrientes: proteínas, aminoácidos esenciales, minerales, colágeno, vitaminas del grupo B y C, hierro, omega 3, etc.

MIS ALIMENTOS FAVORITOS

EL AGUA

No es un alimento en sí, pero el agua hidrata la raíz del cabello. Si no bebes suficiente, puedes provocar la rotura y la caída del cabello. Si, por el contrario, te apuntas a la moda de beber entre ocho y diez vasos de agua al día, mantendrás tu cuerpo y tu cabello en su óptimo nivel de hidratación.

EL HUEVO

Es uno de los alimentos más ricos en vitamina B12 y es proteína en estado puro, lo que mantiene fuerte el folículo piloso, ayudando a que este no se rompa.

Contiene también biotina y minerales como cinc y fósforo. Muchas culturas lo incluyen como cataplasma tópica, pero yo prefiero otro tipo de productos por el engorro, aunque conozco a gente que lo incluye en sus tratamientos de hidratación y brillo casero por su alto contenido en proteínas y vitaminas.

Para mí el huevo es el comodín de mi dieta. Lo como casi a diario porque me encanta, normalmente escalfado sobre tostada de aguacate —mi desayuno preferido— o acompañado de verduras rehogadas en la comida. Es fácil llevarlo conmigo en un táper, así me alimento bien y me da mucha energía.

LA FRUTA RICA EN VITAMINA C

Naranjas, mandarinas, limones son las clásicas, pero también melón, piña, kiwi, frutos rojos o fresas. La vitamina C es primordial para la producción de colágeno, uno de los responsables de una piel firme, elástica y sana, favoreciendo el crecimiento del cabello. Además, hidrata y fortalece los folículos.

Las frutas y las verduras de color naranja —como mandarinas, naranjas, calabaza, mango, batata, zanahoria...— también están llenas de betacarotenos que hidratan el cabello seco y estimulan las glándulas del cuero cabelludo.

Yo, que necesito dulce en mi vida, soy una gran apasionada de la fruta y es mi tentempié entre horas. Y mi postre saludable favorito son los frutos rojos con yogur —los amo—, también la manzana asada con canela y la naranja con canela. Todos los días del año tomo arándanos, frambuesas, fresas o granadas.

LAS ESPINACAS

Y verduras de hojas verde. Es uno de los superalimentos del siglo XXI por ser ricas en vitamina A. Evitan el bloqueo de las glándulas sebáceas lubricando el folículo piloso. También tienen una buena cantidad de acido fólico, ácidos omega 3, magnesio, potasio, calcio y hierro. Alimentos que ayudan a absorber el hierro.

Yo las tomo rehogadas y con huevo para comer, o en tortilla por la noche —siempre con huevo—. Reconozco que de pequeña no me gustaban nada, pero ahora están presentes en mi dieta todas las semanas.

EL PESCADO

En mi familia somos de pescado y marisco de toda la vida. Pescado como el salmón o el atún, llenos de ácidos grasos omega 3 que alimentan y lubrican los folículos pilosos, estimulando el crecimiento del cabello. Ayudan a darle más brillo y fuerza y son fuente de magnesio, cobre y cinc.

Leí una vez que el cobre puede ayudar a que el cabello mantenga su color natural, independientemente de tu tono. Ahí lo dejo. La verdad es que esto no está demostrado, pero me hizo gracia.

Ceno día sí, día no, pescado al horno o a la plancha, y me encanta. No soy una gran chef; de hecho, soy bastante básica en la cocina, por eso compro muy buena materia prima y básicamente en el horno y en la plancha se hace solo. No lo condimento nada, solo lo acompaño de verduras. Sí, me cuido mucho, lo sé. Antes no tanto, pero ahora siempre que estoy en casa cumplo esta rutina.

Una clienta me contó una vez que se había hecho unos análisis para ver si tenía falta de alguna vitamina, pues notaba que se le caía mucho el pelo. Y efectivamente tenía falta de cinc. Además de lo que mandó el dermatólogo, me comentó que había buscado alimentos ricos en este mineral, y que como la langosta, los cangrejos, la nécora... eran ricos en él, comía mucho marisco. Esta conversación siempre la recuerdo cada vez que busco una excusa para tomar marisco. Evidentemente muchos alimentos son ricos en cinc, pero tenemos la suerte de poder elegir los que más nos apetezcan, ¿no?

LOS FRUTOS SECOS Y LAS SEMILLAS

Nueces, almendras y cacahuetes; y semillas de girasol, de sésamo, de lino... son una fuente importante de vitamina E y de grasas saludables que favorecen la elastina —proteína que mantiene el cabello flexible y evita que se rompa—. La falta puede provocar que el cabello esté más seco e incluso que se caiga más.

Yo las semillas las tengo trituradas en un bote y las voy añadiendo a las cremas de verduras, al pollo al horno o a las frutas con yogur, así ni me entero de que las como. Y los frutos secos los tomo como *snack* entre horas, sobre todo los fines de semana y cuando voy de viaje, porque es lo más fácil y sano de llevar en el bolso para el avión o el tren.

LAS LEGUMBRES

Lentejas, garbanzos, alubias... Fuente de proteína vegetal y hierro, además de cinc, biotina y acido fólico, que es bueno para la salud de los glóbulos rojos, que oxigenan la piel y el cuero cabelludo.

La verdad es que las legumbres no me apasionan, no soy muy de cuchara, ni las cocino bien ni me terminan de gustar, pero en invierno las hacemos en casa todas las semanas. Considero que son muy saludables y, además, resultan muy fáciles de hacer en la olla —se hacen solas—. Así que suelen ser la comida familiar del sábado o el domingo. Tengo que aprender y mejorar un poco la técnica. No soy nada cocinitas, pero lo intento. Aunque me faltan ideas para cocinarlas con amor... Menos mal que tengo ayuda en casa y de vez en cuando las deja preparadas y están muy ricas de un día para otro.

En verano me encanta probar ensaladas y recetas diferente con legumbres, y un aperitivo que me apasiona y hago mucho es hummus. Sencillo y rico. Todo está en las vueltas que le des para incluirlas en tu dieta. Come lo más saludable posible, que solo tienes un cuerpo y te tiene que durar muchos años, y el pelo también.

EL YOGUR GRIEGO

Soy adicta a él, y es una fuente increíble de vitamina B que activa el flujo de la sangre y que mantiene sano el cuero cabelludo. Ya te he dicho que lo como con frutas y a veces en salsas y batidos. No tomo en general muchos lácteos, solo el yogur griego, que fue el que me reconcilió con la fruta hace unos años. ¡Porque no siempre he comido así de saludable!

Ahora me he unido a esta corriente de comida sana, de cocinar más en casa, de volver a la comida de siempre y estoy feliz. Con más energía y más pelazo que nunca.

LA CANELA Y LA AVENA

Otros dos grandes favoritos en mi alimentación. Son ricos en hierro y fibra, y, además, en magnesio y ácidos grasos omega 3, que estimulan el crecimiento del cabello y lo engrosan.

El *porridge* de avena —gachas— lo probé la primera vez hace veinte años. Vivía en Londres y uno de mis compañeros escoceses lo tomaba cada mañana. Como el olor a canela me pierde, me enseñó a hacerlo y lo tomaba con él de vez en cuando. Lo que noté enseguida fue que el día que lo desayunaba no tenía hambre a la hora de comer. Sabes que allí el horario es muy diferente, y la comida del mediodía es más ligera.

He de reconocer que a él le salía superbueno. Mejor que a mí. No sé si era la cantidad de leche, de avena, los minutos que lo dejaba al fuego... Bueno, ya te he confesado que lo mío no es la cocina. Pero sí aprendí que uno de mis desayunos estrella sería para siempre el *porridge* con canela y frutas. Suelo ponerlas rojas, con semillas si me acuerdo y algunas veces nueces. Depende de lo que tenga por casa. Lo tomo sobre todo los días que tengo una jornada intensa. Aunque no lo creas, mi trabajo es bastante físico y necesito mucha energía. En verdad yo soy de desayunos contundentes.

EL AGUACATE

Otro de mis desayunos preferidos es la tostada con aguacate y huevo. Ahí va un superalimento más del siglo xxi. ¿Quién no se ha unido a la moda del aguacate? Reconozco que soy de las que siempre lo amaron, pero que reducía su consumo por esa creencia de que engordaba una barbaridad. Pero, claro, ahora que ya me he instruido no me resisto a sus mil vitaminas —C, K, B5, B6, E—, acido fólico y potasio... y a su setenta y siete por ciento de grasas saludables, que son precisamente las que ayudan al cabello, uñas y piel, y a cualquier tejido del cuerpo en general.

> **Aliméntate bien y lucirás un cabello sano y bonito.**

Estos son algunos de los alimentos que te recomiendo porque son fuente de vitaminas naturales que te ayudarán a llevar un estilo de vida saludable. En mi caso, los cambios se produjeron poco a poco tras conversaciones con personas maravillosas con las que me he ido cruzando en mi camino. Me ayudó especialmente una clienta amiga con la que trato desde hace muchos años. Ella es *coach* de salud y nutrición, Verónica García-Cuadrado —www.origen-nutricion.com—, que, además de hablarme de las bondades y vitaminas de estos alimentos, me explicó la importancia de entender que para poder aprovechar estas vitaminas y micronutrientes los alimentos tienen que estar vivos, con todas sus enzimas activas y listas para hacer su trabajo —las enzimas son la fuerza vital que hay en las cosas vivas, y que vamos perdiendo por desgaste energético—, por eso es necesario tomar vegetales para recuperar las enzimas perdidas.

Las enzimas de los vegetales son idénticas a las de las células humanas, pero es fundamental aprender a cocinar los vegetales para proteger su poder enzimático, y, en general, para no acabar con sus nutrientes.

★

Así es cómo me uní a la otra gran moda de cocinar a *baja temperatura. Puede ser al vapor o salteado,* como normalmente lo hacemos en casa, o con la famosa cocina de baja cocción o *slow food,* que para cocineras inexpertas como yo es mágica porque se hace sola. Es muy sabrosa, ahorras tiempo y te aseguras de que los alimentos tengan todos sus nutrientes intactos.

★

CAPÍTULO II

LAVA y CEPILLA
el pelo con mimo

El primer paso para lucir un pelo bonito, sano, brillante y estiloso comienza con un buen lavado de pelo.

En la peluquería le damos muchísima importancia, ya que fallar en esto puede ser un gran error que nos lleve a no triunfar con nuestro servicio.

*P*uedes haberte puesto el color de tu vida, haberte hecho el corte y el peinado que más te favorecen, pero si al secar el pelo no está bien limpio, se verá sin brillo, no durará el peinado y la visita al salón habrá sido una pérdida de tiempo. ¡Te hará dudar de hasta si el color y el corte están bien hechos! Además, es el primer contacto de nuestras clientas en el salón y momento de relax total. Al lavado no se le da la suficiente importancia y, además, genera muchas dudas.

Dos de las preguntas que más me hacen a lo largo del día —junto con la de qué es lo que más se lleva o cuál es el corte que más favorece— es si es malo lavar el pelo a diario y cómo se debe hacer. Son temas recurrentes que siguen siendo un gran misterio y por eso quiero hablarte de la importancia de un buen lavado. Te voy a contar los principios básicos para hacer en casa.

COMO SI ESTUVIERAS EN LA PELU

Cepillar el cabello en seco es un gesto que debería estar en nuestra rutina desde niñas. Es una de esas costumbres que mis hermanas y yo aprendimos en casa casi sin darnos cuenta. Y es que es la forma más saludable de eliminar enredos.

01 CEPILLA EN SECO ANTES DE MOJAR

SI TIENES EL PELO FINO

pueden hacerse nudos hasta en la nuca y es mucho mejor deshacerlos en seco que en mojado.

> Empieza a cepillar por las puntas, luego los medios y, por último, la raíz.

Hazlo con cuidado, sin tirones bruscos y comienza desde la nuca y luego vete subiendo así por mechones. En cada mechón, ya sabes, comienza siempre por las puntas, luego los medios y al final la raíz. Sigue este orden ascendente hasta la frente.

Me estoy acordando de mi clienta Isabel, que tiene una melena muy larga y maravillosa con mucho pelo a la que se le suelen hacer nudos en la nuca. Ella no se lo cepillaba a diario y se lo desenredaba en mojado, por lo que tenía toda la nuca llena de cabello partido. Hasta que le conté este truco. Ahora tiene el cabello mucho más sano.

Luego hay que desenredarlo también en mojado, claro, pero al haber deshecho los nudos en seco, este proceso será más fácil y no se romperá el pelo.

El cabello mojado es más delicado, por lo que si tiras lo puedes partir; en seco es más fuerte, y haciéndolo despacio no corres riesgos. Aunque te parezca extraño es algo que muy poca gente conoce. De hecho, es muy típico desenredarse con la mascarilla puesta, algo que a mí no me gusta. Prefiero cepillar como te digo primero siempre en seco.

Como lo vas a lavar, puedes usar algún espray desenredante o un aceite si el pelo está muy enredado. Esto suele pasar con cabellos finos y abundantes o con los rizados que en general no se cepillan tanto para no desdibujar los rizos o las ondas. También es una forma maravillosa de eliminar restos de producto de la melena.

02 MOJA COMPLETAMENTE

El fin último del lavado es disolver la grasa y las impurezas del cuero cabelludo. El agua demasiado fría en todo el lavado no ayuda a hacerlo y el agua demasiado caliente puede abrir en exceso la cutícula y dañar el cuero cabelludo, que es una de las zonas del cuerpo más sensible.

> Utiliza agua tibia; ni la muy fría ni la muy caliente te ayudan a un buen lavado.

03 APLICA EL CHAMPÚ

Usa un champú apropiado para tu tipo de cabello, aplícalo primero en las yemas de los dedos y repártelo después en las sienes, en la parte superior de la cabeza y en la nuca. Comienza a emulsionar con un poco de agua sin frotar, haciendo masajes circulares. En realidad estos son para repartir el champú de forma homogénea por todo el cuero cabelludo, por lo que no es necesario frotar fuerte, arañar ni agredir.

Yo a mis hijos les he enseñado a hacerse suaves masajes circulares de manera ascendente mientras se lo lavan, siempre usando, como te digo, las yemas de los dedos. Es una acción que favorece la circulación de la sangre del cuero cabelludo mejorando la calidad del pelo. Si se acostumbran desde pequeños, se aseguran un masaje maravilloso durante toda la vida que les ayudará a una buena oxigenación de la piel y a tener el cabello más fuerte y brillante. Evitarán seguramente también la caída de pelo. Si no fíjate en culturas como la india en las que las madres hacen masajes en la cabeza a sus niños. Qué pelo tienen más saludable.

Cuando mi hija María estaba en Infantil, fui un día a su clase a hablar de mi profesión y enseñé a los pequeños a lavarse bien el pelo con masajes y suavemente. Muchas madres me comentaron luego que a la hora del baño les corregían la forma de lavarlo porque la «mamá de María» les había enseñado a lavarse sin frotar, solo haciendo masajes circulares. Qué listos son los niños y qué poco cuesta darles buenos hábitos como si fuera un juego.

Dependiendo de la frecuencia con la que te lavas el pelo, puedes repetir una segunda aplicación de champú. Por ejemplo, si lo lavas una o dos veces a la semana, no hay problema en repetir la acción; de hecho, en el salón a todas las clientas les hacemos doble proceso para asegurarnos un cabello extralimpio.

Si eres de las que se lo lavan a diario y sientes que aplicando solo una vez champú tus cabellos están limpios, no hay necesidad de repetir.

> **No hace falta mucha cantidad de champú. El truco está en repartirlo en las manos y luego aplicar agua para que emulsione bien.**

El aclarado es necesario, aunque como después se aplica el acondicionador o la mascarilla en las puntas, hay que insistir más en el último y definitivo aclarado.

ESCURRE EL EXCESO DE AGUA

Tras el aclarado del champú has de hidratar la melena, por eso antes es muy importante que escurras el exceso de agua con las manos. Es la forma de asegurarte de que la mascarilla o el acondicionador no se diluyan con el agua.

> **Si el cabello es abundante, ayúdate de una toalla para escurrirlo bien.**

05

APLICA ACONDICIONADOR O MASCARILLA

Este paso no te lo puedes saltar. Es una obligación tengas el tipo de pelo que tengas, y te voy a decir por qué. El proceso del lavado, humedecer el cabello, desenredarlo, la oxidación del agua, el secado... son todos gestos que hay que hacer con cuidado porque pasan factura. El cabello puede sufrir y una forma de proteger su estructura es con la hidratación después del lavado.

> El acondicionador está diseñado para que aporte ese punto de suavidad que necesita el pelo.

La excusa de que engrasa el cuero cabelludo y de que baja el volumen indica que empleas un acondicionador demasiado hidratante o que no lo utilizas correctamente, bien porque empleas más cantidad de la que debieras —algo muy común— o porque lo extiendes por todo el cabello. Si ese es tu problema, busca uno suave y natural. Con el cabello liso usa poca cantidad en las puntas y aclara abundantemente. Te aseguro que con este simple gesto tu pelo se fortalecerá de manera espectacular.

Mantenerlo hidratado es vital para que sea más fácil desenredarlo y menos agresivo. Así evitas la rotura del cabello que, insisto, en mojado es más fácil que ocurra, y lo preparas para el secado.

A la hora de aplicar tu acondicionador o mascarilla —recuerda, sobre el cabello escurrido de agua— hazlo con delicadeza, mechón a mechón, masajeando suavemente y dejándolo caer en la espalda. No lo retuerzas y lo coloques encima de la cabeza para no engrasar la raíz.

Pasados unos minutos, enjuágalo con abundante agua tibia y, cuando creas que ya está bien aclarado, espera un minuto más y luego llénate de valor y aplica el último enjuague con agua más fría. No es necesario que esté helada. El contraste tibio-frío es maravilloso para activar la circulación y cerrar las «escamas» de las cutículas, pues con el agua caliente se abren. Así queda el pelo más brillante.

La costumbre de aclarar con agua más fría al final es mitad mito, ya que no está demostrado científicamente que aporte brillo, pero para mí tiene todo el sentido del mundo. Es algo tan personal que te diré que yo, aunque creo en los beneficios de este contraste, nunca lo hago, porque es una sensación que no me gusta nada y, además, ya tengo el cabello superbrillante. En el salón preguntamos a las clientas si quieren terminar el lavado con agua fría, y te diré que hay diversidad de opiniones.

SECA CON CUIDADO Y SIN RETORCERLO

A mí me gusta enrollar el pelo en una toalla superabsorbente o con un turbante y dejarlo así durante unos minutos. Me parece que da más volumen al cabello fino y liso como el mío, y quita muy bien la humedad sin necesidad de retorcerlo.

DESENRÉDALO CON CUIDADO

Yo me aplico un espray o un aceite en las puntas antes de comenzar a desenredar, por eso te he dicho que envuelvo el pelo en la toalla, para absorber el exceso de agua y que el aceite haga su función protectora. Pero solo lo aplico en los medios y las puntas. Si tu cabello es seco, puedes aplicarlo más generosamente y más cantidad de producto.

Para no romperlo cuando se desenreda, lo habitual es usar un peine de púas anchas, pero he de reconocer que me encanta la nueva generación de cepillos para usar en mojado, con filamentos de silicona superfinos que son muy flexibles y ayudan a eliminar los nudos sin romper.

> Usa un peine o un cepillo específico para mojado y no el primero que encuentres.

Siempre empieza por abajo, repito, por las puntas, y luego vete subiendo poco a poco. Insisto en este punto porque no sabes la de clientas que he visto que vienen con el pelo roto por un mal desenredado.

A mis hijas, por ejemplo, cuando les seco el pelo con el secador, lo voy abriendo con los dedos. El cabello de mis hijas es superliso y fino, propenso a las roturas, y se enreda con facilidad, por eso les he enseñado a cuidarlo con delicadeza desde pequeñas.

★

Si tú lo tienes rizado, ayúdate de una crema de rizos o de

un aceite para desenredarlo,

y ya estaría listo para ser secado.

★

CAPÍTULO III

TRUCOS
para un
secado perfecto

Mucho se ha hablado de los beneficios de secar el pelo al aire, algo impensable en ciertas épocas del año, no solo por el frío, sino porque depende de los compromisos que cada uno tenga. Por ejemplo, acudir a una reunión de trabajo con el pelo goteando puede que no resulte de lo más profesional.

oy una gran defensora de secar el pelo con el secador, no solo porque queda mejor, también porque si lo haces como te voy a enseñar sacarás más provecho a tu textura de pelo y estarás más estilosa sin necesidad de dañar la fibra capilar.

¿Sabías que la piel del cuerpo mojada expuesta al aire podría deteriorarse? El exceso de humedad en la piel no es lo más indicado, y ya que el cuero cabelludo es piel, no es conveniente dejarlo mojado durante mucho tiempo, siempre es preferible por lo menos retirar un poco la humedad para acelerar el proceso. Por eso decían nuestras madres que era malísimo irse a la cama con el cabello mojado, y es que, aunque tampoco hay evidencias científicas —de hecho, los dermatólogos gritan a los cuatro vientos que esto no es así—, dejar el pelo mojado y suelto con el calor de la cabeza y la almohada parece que favorece la aparición de hongos o bacterias en la piel si esta es sensible —yo en mi vida he visto nada parecido, la verdad—, pero lo que sí daña es la cutícula por el roce. Al rozarlo con la sábana se pueden hacer nudos o abrir las puntas al darnos la vuelta.

Para mí la importancia sobre todo de usar el secador es que con este gesto se puede dirigir el pelo hacia donde lo necesites, y con ello evitarás otras herramientas de calor que sí podrían ser más peligrosas con la fibra del cabello. Si es fino, liso y sin volumen y lo secas con la cabeza hacia abajo primero y luego moviendo a un lado y a otro todo el pelo, con una buena potencia de aire conseguirás dar más volumen que si lo dejas colgando mojado sobre su raíz pegada, ya que con la fuerza del aire elevas la raíz y le das volumen.

Recuerdo cuando mi hermana mayor me llevaba en coche a la facultad y ella salía con el cabello mojado. Lo que hacía era dirigir la calefacción a su pelo e iba todo el trayecto moviéndolo de un lado a otro. Llegaba con una melena digna de una portada de revista. Hay que reconocer que ella tiene un pelazo ondulado con raíz lisa y que, si no lo seca así, le queda muy plano.

Es recomendable que uses una temperatura media —siempre en el centro del botón de temperatura, ni el más alto ni el frío— y a una distancia prudencial de tres o cuatro centímetros alejado del pelo. De esta manera no le ocasionarás ningún daño, es como si una brisa de verano lo secara. Lo tengo más que comprobado.

> **Si tienes el cabello rizado, usa difusor.**

El difusor es esa boquilla ancha que se pone en el secador y que imita el secado natural. Con él evitarás que se mueva en exceso el pelo al secarlo y controlarás el encrespamiento, haciendo que el rizo adquiera su forma original. Si bajas la cabeza lograrás más volumen en la raíz; y si la dejas recta y con la mano vas presionando el volumen, lograrás reducirlo. Esto depende de lo que más te interese.

Es verdad que en el caso del pelo rizado si no eres cuidadosa puedes desordenarlo y conseguir el efecto contrario al que deseas, provocando más encrespamiento y menos definición de los rizos, pero si lo haces con cuidado, con un buen difusor suave y sin mover el pelo como te digo, el éxito está asegurado. Ah, superimportante, aplícate antes un buen definidor de rizos. Luego te hablaré más despacio sobre los cuidados del pelo rizado, porque da para un capítulo aparte —creo, más bien, que para otro libro—.

Por fortuna ahora contamos con una generación de secadores inteligentes que son una maravilla, con tecnología iónica, control de temperatura, potencia del aire, boquillas para todas las necesidades, ligeros, manejables... ¡Un lujo! Muchas veces el precio es algo elevado, pero hacerse con un secador con potencia profesional es una inversión, por lo rápidos que son, por el tiempo que te ahorras y por cómo queda el cabello sin necesidad de trabajarlo. A menudo en el salón nuestras clientas ven imposible que les quede el corte tan bien con un solo golpe de secador y sin peinar, por eso les recomiendo que se compren uno bueno. Muchas lo han hecho y han venido felices a contarme la gran diferencia.

Tal vez estés pensando: «Buf, con mi pelo, imposible solo con el secador». Es cierto que no se puede generalizar, que hay muchas texturas complicadas que no se controlan solo con el aire del secador y que hay que ayudarlas con un cepillo o luego dar un toque rápido con una plancha o una tenacilla para que el pulido dure y consiga sellar, pero, en líneas generales y para la mayoría, el secado al aire con un buen secador es más que suficiente. Ah, siempre y cuando tengan un corte adecuado a su textura de pelo.

En mi salón, cuando hacemos un corte, nos gusta dar consejos de secado a las clientas, y también sobre el uso de productos de *style*. Esa gama que nos ayuda a conseguir la forma que buscamos: cremas, espumas, espráis, aceites... Hay tantísima variedad en el mercado que nos volvemos locos. Podría estar hablando durante un año de ellos.

Siempre hay uno que puede facilitarte la vida, ayudarte a controlar el volumen, a sellar esas puntas rebeldes o a dar forma a tu rizo. Mi recomendación es que vayas probando. No hay otra manera, porque es tan personal que no se pueden dar consejos universales, aunque intentaré aportar un poco de luz sobre este tema por el interés que suscita.

PRODUCTOS DE *STYLE*

En general estos productos me gustan cuando se usan en mojado, pero si los aplicas con el pelo excesivamente húmedo, puedes ver reducida su labor, algo que en principio es negativo, aunque... no siempre.

Muchas son las clientas a las que recomiendo usar la espuma de rizos o el definidor en crema con el pelo muy mojado para que se diluya el efecto y el resultado quede más natural. Sí, lo sé, es un poco contradictorio, pero es así. Solo tú puedes saber qué es lo que te funciona. Ya te dije que había que probar. Aunque lo habitual es quitar el exceso de humedad y aplicar el producto en el cabello húmedo. Las cantidades son muy importantes. Debes probar primero con muy poco.

Mis productos favoritos de *style* para el pelo húmedo son:

CREMAS ALISADORAS PARA EL ENCRESPAMIENTO

Si el pelo tiende a encresparse, aplica un poco de este tipo de cremas disciplinantes, pues le dan algo de peso y controlan este problema aportando además mucho brillo.

ACEITES ESPECÍFICOS PARA EL PELO

Los hay para cabello fino y grueso y ayudan a cerrar la cutícula. Protegen el cabello del calor del secador, de las inclemencias del tiempo, del sol, de las calefacciones..., y forman una película protectora que también previene la humedad.

Yo soy muy fan de los aceites. Aunque mi pelo es liso, la punta se seca y nunca parece estar sellada. Por eso me aplico el aceite en mojado, porque es la forma en la que seca mejor sin engrasar nada.

Si tu cabello es seco, utiliza más cantidad y desde la raíz en mojado.

> *Para dar más brillo, usa un poco de aceite con el pelo seco.*

ESPUMAS

Las hay de mil tipos. Para pelo ondulado, dan forma al rizo y controlan el encrespamiento. Para el liso son como las cremas definidoras: ayudan a dar un extra de hidratación.

ESPRÁIS VOLUMINADORES Y AGUAS MARINAS

Los espráis voluminadores suelen utilizarse para conseguir cuerpo y volumen en la raíz, especialmente en los cabellos finos. Algunos están enriquecidos con fibras que consiguen aportar más densidad al pelo.

La oferta de espráis es increíble. Hay mucha variedad y debes dar con el adecuado para tu tipo de pelo. Mi consejo es que pruebes pequeñas cantidades en la raíz, como dos o tres pulverizaciones y seques con la cabeza hacia abajo para ver el cuerpo y movimiento que te aporta. Muchas veces me comentan mis clientas que estos productos engrasan, y el error está en que se usa mucha más cantidad de la necesaria o porque no es el apropiado.

Los espráis de agua de mar se aplican en la totalidad del pelo, no solo en la raíz, y suelen dar esa sensación de cabello surfero con más cuerpo y movimiento. Se usan mucho también para conseguir volumen y movimiento en los cabellos finos.

Estos son los más usados con el pelo mojado y los que te pueden ayudar, pero para mí lo que más te ayuda es tener un buen corte. Aunque de este tema te hablaré en otro capítulo, ahora me centro en el secado de pelo.

Si eres de las que no tienen claro qué producto *style* utilizar, pregunta a tu peluquero la próxima vez que vayas al salón a cortarte. Te aconsejará lo mejor para ti. A veces estamos tan concentrados en nuestro trabajo que se nos olvida comentar estas cosas a las clientas, pero si necesitas ayuda, deja que te asesore. Te sorprenderás de lo que puedes aprender.

Y AHORA A SECAR.
DE LA RAÍZ A LAS PUNTAS

PELO LISO

Para tener éxito con el secado, piensa cuál es tu objetivo real.

SI TIENES EL PELO LISO,

tu finalidad será que quede lo más bonito en liso, con más volumen en la raíz, con los medios y las puntas pulidos y brillantes.

Como ya te he dicho, es importante hacia dónde dirijas el aire. Por ejemplo, si tienes flequillo es lo primero que debes secar para que no tome una mala forma al mover la cabeza. Después del flequillo a mí me gusta inclinar la cabeza hacia abajo y secar la nuca y la raíz; así darás más volumen en esta parte. Luego pon la cabeza recta, y con una mano maneja el secador y con la otra vete alisando los mechones. Lo puedes ir haciendo con los dedos a modo de rastrillo o usar un cepillo pala —es uno grande que es más fácil de manejar que los redondos, aunque si te las apañas con uno de esta forma, puedes girar la punta hacia el lugar que te guste para conseguir más cuerpo aquí también—. Con los dedos conseguirás un *look* pulido y natural. Yo lo hago así cada día. Si tienes alguna onda, el cabello encrespado o con mucho volumen, con este secado conseguirás domar el pelo. Pero, evidentemente, si quieres un efecto superpulido tendrás que terminar con unas pasadas de plancha.

PELO RIZADO

Con el rizado sécalo como te he explicado al hablarte del difusor —eso sí, recuerda antes aplicar el definidor, el gel, el espray o la espuma de rizos—. Ya te he dicho que al tener esa boquilla grande es lo más parecido a secárselo al aire. Depende de cómo lo muevas, conseguirás rizarlo más o menos. Si mantienes el difusor pegado a la cabeza, el rizo se cerrará y se marcará más; si por lo contrario lo que quieres es abrirlo, no metas los rizos en el difusor. Sécalos dejándolos caer por la espalda y dales solo aire para que bajen un poco más. También puedes enroscar los mechones en los dedos o hacer retorcidos con una mano mientras que con la otra vas secando para cambiar su diámetro.

A muchas chicas de pelo rizado que tienen un volumen excesivo en los laterales les recomiendo ponerse pinzas a los lados para que el volumen quede así pegadito a la cabeza.

SI POR EL CONTRARIO QUIERES DAR VOLUMEN en la parte de arriba de la cabeza, enrolla el mechón en los dedos y haz una anilla para que seque con esa forma. Cuando esté seca, suéltala y te quedará un rizo o una onda preciosa y con la raíz despegada.

Si buscas la perfección, sobre este cabello rizado secado con difusor o al aire, usa una tenacilla o rizador por mechones. O bien toda la cabeza mechón a mechón o solo aquellos que te apetezcan definir. Y al final baja la cabeza y sacude tus rizos para que tengan un punto más natural. Hay muchas chicas de pelo rizado que aman su volumen y

> Antes de pasar cualquier herramienta de calor recuerda usar un protector del cabello.

al secar lo mueven bastante para que no se apelmace. Cada una encuentra su camino, por eso te animo a que experimentes sin miedo.

Muchos de los productos que utilizas en mojado hacen de barrera protectora, pero para usar en seco también existen otros que puedes emplear. Son los famosos espráis de protección térmica.

PELO CORTO

Recomiendo usar el secador a todo el mundo, incluso si tienen el pelo corto. Gracias a un toque de secador y las manos —no necesitas ninguna otra herramienta— consigues alborotar tu pelo, ponerlo de punta, o al revés, dejarlo pegadito. La idea es que con el aire dirijas tu peinado hacia el *look* que busques.

Incluso a los chicos les enseño a buscar volumen en sus cortes con el secador. Por ejemplo, en un tupé que les apetezca exagerar. O también a bajar remolinos siguiendo el crecimiento natural del pelo, sin intentar nunca luchar contra el remolino, sino alisarlo a su favor. Parece una tontería, pero desde niños sabrán domar los mechones rebeldes y arreglarse el cabello.

Si eres de esas a las que se les baja el flequillo y se les queda pegado a la frente, nada como un secado potente y

> ¡Con el secador profesional el resultado será como en la pelu!

hacia arriba. Luego, en seco, un poco de cera para alborotar o un poco de laca para que el volumen conseguido dure, y solucionado. Pero, recuerda, para que el pelo vuelva a coger la forma hay que mojarlo antes y después… ¡¡secador!!

★

Tengo muchas anécdotas de clientas a las que les he *animado a secarlo así —con el secador y los* dedos—, y están felices porque ahorran tiempo y mantienen sano su pelo. A mí desde luego que me funciona y espero que a ti también.

★

CAPÍTULO IV

El
ÉXITO
de tu
ESTILO,
un
buen corte

Cuando me preguntan
sobre el secreto de una
melena con estilo, mi
respuesta es siempre
la misma: un corte
perfecto según el tipo
de pelo, favoreciendo al
máximo las facciones.

*P*arece fácil, pero hay muchos factores que debemos tener en cuenta. Para mí es básico estudiar la textura natural del cabello, cómo es en realidad: liso, rizado, ondulado, con demasiado volumen o nada... También es clave saber lo que le gusta a cada clienta, porque por mucho que yo defienda o intente potenciar un rizo o una onda maravillosa, si a ella no le gusta, no lo lucirá jamás. Así que el secreto para acertar con un corte de pelo no está solo en la técnica —muy importante, por supuesto—, sino también en la comunicación. En saber lo que a cada uno le gusta, le apetece y le va bien.

Buena parte del éxito de nuestros cortes se debe a que las clientas coinciden con nuestro estilo de cortarlo y nosotras intentamos sacar el máximo provecho de cada una de ellas. Para eso es necesario fijarnos en las facciones de sus rostros y favorecerlos. Es algo ya muy sabido, pero no puedo pasar por alto este concepto universal de que a cada tipo de rostro le favorece un estilo de corte, por encima de las modas. Sin embargo, siempre hay que adaptarlo para no acabar con el corte de capas de Rachel, de *Friends,* muy noventero, muy favorecedor para la cara de Jennifer Aniston, pero que hoy está totalmente anticuado. Sobre todo en la forma de peinarlo. Y es que esta es otra clave importante que ya te comenté en el apartado sobre el secado.

Tan fundamental es acertar con el estilo de corte como enseñar a peinarlo o secarlo con gracia, en poco tiempo y sin dañar el pelo. Un gran reto al que nos enfrentamos cada día en el salón y que nos apasiona.

SEGÚN TU CARA

Comienzo hablando de los cortes que favorecen a cada rostro, así, de forma general. Es cierto que hay algunos que no se ajustan a los cánones establecidos, otros combinan varios en un mismo rostro, pero te puedes hacer una idea.

ROSTRO ALARGADO

Es el estrecho y longitudinal, con rasgos más bien finos. Cuando tienes esta fisionomía, lo que debes buscar con el corte es redondear y dulcificar las facciones, y crear un efecto óptico de ensanchar los lados. Se consigue con flequillos que acortan la longitud del rostro y volumen a los lados, por eso sientan mejor las medias melenas no muy largas, las rayas al lado que suavizan y redondean facciones y las capas que caen sobre el rostro y acompañan. Las melenas muy cortas a la altura del mentón redondean y aniñan las facciones con un flequillo.

El pelo corto también favorece a los rostros alargados, siempre que no sea muy corto y tenga volumen en los lados, con capas largas, flequillo largo, nuca y patillas largas, aportando así la textura y el volumen que estos rostros necesitan.

Muchas jovencitas con rostros angulosos y alargados siguen empeñadas en llevar la melena entera y superlarga. A pesar de que este corte potencia aún más sus facciones, no están preparadas para un cambio. Sin embargo, las animo por lo menos a que den volumen con capas invisibles. Enseguida notan cómo su rostro se suaviza. Si, además, se les añade un flequillo, el cambio es total.

Un ejemplo de este rostro es el de Sarah Jessica Parker, que luce una melena con capas y volumen dejando su rizo natural. Alguna vez se lo ha cortado en una favorecedora media melena que le quedaba increíble también, pues el volumen a los lados le suavizaba mucho.

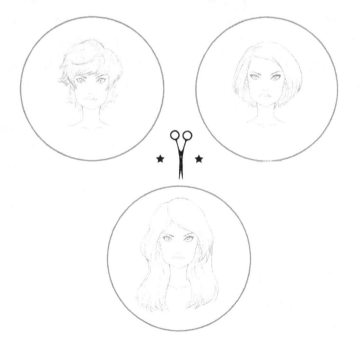

> **Las capas invisibles y los flequillos suavizan las facciones alargadas.**

ROSTRO REDONDEADO

Pasa justo lo contrario que con el alargado. El objetivo con un rostro así es estrecharlo visualmente. Esto se consigue dando volumen en la parte superior y en el mentón y quitando de los lados.

Los cortes y peinados que estilizan más un rostro redondeado son los pegaditos de los lados con un ligero volumen superior. El largo nunca ha de quedar a la altura de la barbilla —lo redondea—, sino a la altura del cuello.

También quedan muy bien las melenas largas, aunque una opción muy favorecedora es una melena midi por la clavícula, peinada de lado con volumen en la parte superior, ondas para dar volumen del mentón hacia abajo y pegado en un lateral como lo lleva a menudo Scarlett Johansson, cuyos cortes suelen estilizar mucho su bonito rostro redondeado.

> **El flequillo, mejor que sea largo y ladeado.**

Unas capas superiores arriba finas aportan volumen de forma natural. Los peinados con raya en medio y pegadito de los lados hacia atrás lisos o con suaves ondas estilizan mucho porque estrechan los laterales y alargan el rostro. Una coleta pegadita de los lados y con volumen arriba es siempre un acierto. También los recogidos y coletas estrechando los lados y bien altos al estilo Rosalía producen un efecto *lifting* ascendente que favorece mucho a este tipo de fisionomía.

ROSTRO OVALADO

Siempre se ha dicho que es el perfecto. Es más alargado que ancho y la frente suele ser más larga que la barbilla, dibujando la forma de un óvalo, y marcando las mejillas. Vamos, el rostro que todas desearíamos hoy en día.

Melenas largas con capas para dar movimiento y hacer recogidos favorecen mucho, ya que despejan las formas suaves y bonitas de este rostro. Y cortes *bob* superlineales. Hasta los más radicales a lo *garçon,* pues sus líneas suaves lo lucen con mucha fuerza.

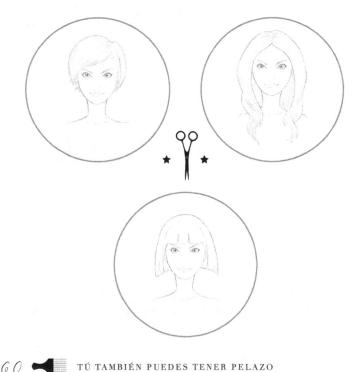

ROSTRO CORAZÓN

Es anguloso, caracterizado por una frente y unos pómulos anchos y una barbilla afilada o puntiaguda. Lo normal con este tipo de rostro es intentar disminuir el volumen de la frente, para ello los flequillos son el mejor recurso, pero tienen que ser largos y ladeados para no marcar más el ancho de las mejillas. O las melenas largas con capas y flequillos largos o pelo corto con volumen superior y flequillos a la altura de la boca.

A mí me encantan las barbillas afiladas y me gustan que se vean, pero si es tu caso y quieres ensanchar su efecto, lo mejor es una melena larga o media peinada hacia delante. Rihanna o Shakira son ejemplos de este tipo de rostro.

> O las melenas largas con capas y flequillo largos o pelo corto con volumen superior y flequillos a la altura de la boca.

No me extiendo más con los tipos de rostro, hay muchas variedades dentro de estos. Lo que queda claro son los recursos que el pelo puede corregir. Con mechones alargas o marcas ángulos, dependiendo de lo que quieras. Puedes potenciar lo que desees destacar o esconder lo que no.

Con esa máxima se personaliza, porque muchas veces veo un rostro redondeado con unos ojos increíblemente grandes y preciosos y unas cejas divinas y propongo un flequillo más geométrico que, aunque se pueda pensar que potencia la redondez, esta se ve reducida, pues lo que llama la atención son los ojos. ¡Depende por lo tanto de cada persona y de cómo ella se ve!

Estas reglas básicas te ayudan a hacer un primer reconocimiento, pero no es el único.

UN CORTE APROPIADO
A TU TEXTURA NATURAL

Después de estudiar el rostro, ahora toca el turno de observar la textura natural del cabello. Para ello te recomiendo que acudas a la peluquería con el pelo como lo sueles llevar. Es decir, si es rizado y lo llevas siempre rizado, que el rizo esté lo más bonito posible para que el peluquero se haga una idea de los volúmenes. Si es liso y lo llevas siempre así, igual. Yo antes de pasar al lavado hablo con mis clientas sobre la textura de su pelo, de cómo se lo arreglan, de cómo se lo secan... Para conocer tu textura natural, la primera vez que vayas a una peluquería no lleves una coleta o el pelo sucio.

Después de esta consulta fundamental, se lava el pelo y se observa de nuevo en mojado sus particularidades, el contorno del rostro, el nacimiento del pelo... Y es que hay que comprobar si hay remolinos o si va de forma natural a uno u otro lado, pues todo eso influirá a la hora de cortar. Además, si el corte es más radical, hay que estudiar también la forma de la nuca, si es más redondeada, más plana...

A mí me encanta dar una oportunidad a cada textura natural. Cuántas veces, con un corte apropiado, he descubierto melenas de ondas preciosas. En ocasiones solo es cuestión de equilibrar texturas. Hay personas que tienen varias; zonas muy lisas, otras con ondas y otras con rizos y un volumen increíble.

Con el corte quitas volumen de donde no te guste. Las zonas superlisas, si se trabajan, pueden integrarse con la textura ondulada. A veces hay que sacrificar el largo para forzar la onda aquí o alisar y bajar el volumen allá. Son gestos fáciles que te pueden cambiar la vida.

Si el cabello de la clienta es extraliso, mientras lo corto lo muevo para ver si texturiza. Si no es así, llego a la conclusión de que por mucho que lo mueva no va a coger nada de forma, por lo tanto, el corte tiene que ser sí o sí para esta textura. Dependiendo de la caída y de la cantidad, le irán bien una técnica de corte u otra: con capas, geométrico, lineal, de una sola línea...

> "Si tienes el pelo muy liso, apúntate a las capas invisibles."

Yo en estos casos hago capas invisibles. Las empecé a usar hace unos años porque no quería describir nuestros cortes como capeados. Tengo a muchas clientas aterrorizadas con este término. En especial las niñas jóvenes que, literalmente, odian las capas en sus largas melenas; las consideran pasadas de moda y para ellas lo único que aportan son volúmenes indeseados. Por eso se me ocurrió lo de las capas invisibles, que es un concepto que describe muy bien los cortes de melenas largas o medias.

Cuando ya está hecho el corte, que suele ser de base recta —todo el cabello recto o estilo *bob,* un poco más largo por delante, dependiendo de lo que se quiera—, me gusta hacer por encima y de forma sutil algunas capas finas desconectadas hacia delante, dando movimiento en el rostro o marcando solo un flequillo largo o unos mechones sueltos para acentuar la mandíbula o el pómulo. Son mechones muy finos desconectados, pero dan mucho movimiento. Incluso para hacerte un recogido te va a ayudar a crear textura. También se hacen igual en la parte superior, a mechones finísimos y desconectados. Yo lo suelo retocar en seco al final.

No siempre es aconsejable este corte, depende del tipo de pelo y de la cantidad. En melenas largas y lisas o medio lisas es un imprescindible para evitar el efecto manta. Marca una gran diferencia. No se nota a primera vista, porque la melena se ve compacta y de una pieza, pero tiene muchísimo movimiento, y a la hora de hacer peinados da mucho más juego.

> La técnica de «punta rota» es perfecta para melenas abundantes.

Cuando tu pelo es abundante y grueso y no quieres hacer las tradicionales capas pero tampoco lo quieres muy recto en la punta, me gusta usar esta técnica para conseguir volumen y una caída de pelo más natural. Lo que hago es desgastar la punta con la tijera.

Podría hablarte de más técnicas para conseguir mil efectos en una melena, pero me extendería demasiado. Con lo que quiero que te quedes es que con el corte se puede conseguir mucho más de lo que la gente cree. Con el corte, los profesionales esculpimos las cabezas y es una de las artes más bonitas de nuestra profesión.

EL TOQUE SECRETO
DEL CORTE

Hay un ingrediente extra para triunfar con tu nuevo corte de pelo: tu actitud. Aunque te parezca increíble, hay un algo que los peluqueros sentimos —por lo menos a mí me pasa—, y son las ganas reales de cambiar de *look*. Para ello es necesaria una buena comunicación entre el profesional y el cliente, y eso a veces no sucede.

Como te he explicado, hay mil y un cortes que pueden sentar bien a tu rostro y a la textura de tu pelo, unos más clásicos, otros de plena actualidad... A mí la moda me afecta, es más, me defino esclava total de las tendencias. Me encanta no solo seguirlas, sino también crearlas. Y eso es algo que no puedo evitar. Pero tampoco puedo evitar mi gusto personal, y lo proyecto en cada una de mis creaciones.

Como te digo, a veces la comunicación falla por alguna de las partes. El deber del profesional es traducir lo que cada cliente quiere. Cuántas veces han venido clientas con mil inspiraciones de cortes en su móvil que nada tenían que ver unos con otros, ni con su personalidad, ni con la moda, ni con su rostro ni con la textura de su pelo.

Recuerdo una clienta que vino hace un tiempo para ponerse en mis manos. Me dijo que no quería darme ninguna pista, que hiciera lo que quisiera con su pelo, estaba desesperada y necesitaba encontrar un corte perfecto. Yo me esmeré en estudiar sus facciones, su textura de pelo, e intenté establecer una conversación para saber sus gustos. ¿Lo llevaba natural o lo alisaba? ¿Le gustaban las melenas cortas?

muy bien lo que gusta y lo que no gusta, qué volúmenes, qué estilo es más favorecedor. Porque lo que a una clienta le parece modernísimo, a otra le parece un horror. Lo que a una le parece supersexi y elegante, a otra le parece pasadísimo. Hay tantos estilos diferentes que el gusto personal es fundamental para que un corte triunfe.

¿Le gustaba potenciar más sus ojos o su rostro? No me contestó a ninguna de mis preguntas, solo me recalcó una y otra vez que no me iba a decir nada. Y como no conseguí sacarle ni una palabra, diseñé el corte perfecto: una melena midi con un gran flequillo abierto y capas para dar movimiento a su melena. Me encantó. La vi juvenil. Se lo peiné con las manos para enseñarle lo fácil que era y cuando terminé casi se puso a llorar. Me dijo que le parecía un horror, que odiaba el flequillo desde siempre y que todos los peluqueros nos empeñábamos en hacérselo. Casi muero. Pero qué tontería, ¿y por qué no me lo había dicho? El resto le encantaba, el largo y mi forma de darle movimiento, pero odiaba el flequillo con toda su alma. Yo de verdad que no entendía nada...

★

Por favor, comunícate con tu peluquero. *Tus gustos y personalidad son claves* para el éxito de tu corte.

★

CAPÍTULO V

La
COLORACIÓN
AMABLE
que te
embellece

Uno de los pilares de los que vive la industria de la peluquería hoy es la coloración. Las mujeres, y desde hace décadas muchos hombres, se encuentran más atractivos cambiando el tono de su pelo. Pero esto no es nuevo, es una de las prácticas de belleza más milenarias.

*E*n los restos de cabellos de las muchas momias encontradas en los yacimientos alrededor del Nilo, se han analizado diferentes tipos de plantas, entre ellas hennas, que usaban nuestros antepasados para tintarse el pelo.

No solo en la cultura egipcia coloreaban su cabello, en la griega y la romana era una práctica habitual mezclar diferentes plantas, incluso minerales, con aceites para hacer ungüentos de belleza y cambiar el tono del cabello. En la época griega hasta decoloraban el pelo para aclararlo. Me parece increíble que algo tan actual ya se hiciera hace miles de años.

En todos los períodos de la historia, el cabello ha sido una forma de distinción social y una herramienta más con la que hombres y mujeres han demostrado su belleza, su valía e incluso su poder.

En la actualidad, el ochenta por ciento de la población ha teñido o tiñe su cabello. Es obvio que en nuestra cultura comunicamos muchos mensajes con el color y el peinado. Rebeldía, juventud, poder, dulzura, inocencia... Cada tono tiene un matiz que, unido al tipo de cara, color de piel, forma de cabello, proporciona un mensaje diferente. Y esta sociedad en la que los detalles cuentan, la coloración del cabello se convierte casi y sin darnos cuenta en una herramienta más para nuestro beneficio.

Muchas son las dudas que nos asaltan cuando por cualquier razón nos queremos colorear el cabello por primera vez. En el salón resolvemos a diario consultas de color, por eso te animo a que acudas al mejor profesional si no sabes por dónde empezar. Pide una cita personalizada, ya que hay mil técnicas, mil tipos de coloración y mil soluciones para según qué caso.

Los principales temores que plantea la coloración son los referentes a la salud del pelo: ¿el tinte daña el cabello?, ¿compensa empezar a teñirse y meterse en algo que tienes que mantener?... Hay tantas clases de tinte y tanta información que nos confunden. Por eso voy a empezar por este punto, hablando de los tipos de coloración que hay y para qué se usa cada uno de ellos. ¿Y por qué hay tantos? Porque, afortunadamente, desde que aparecieron a finales del siglo xix los primeros tintes químicos hasta nuestros días, la industria de la coloración ha avanzado e investigado mucho. Por eso contamos con verdaderas maravillas.

Hay gustos y modas para todos. Los coloristas somos verdaderos alquimistas que mezclamos diferentes colores con una u otra técnica para hacer que el cabello de nuestras clientas sea único. Tú misma puedes convertirte en tu propia artista, ya que la coloración en casa también es un arte que se puede aprender a fuerza de prueba y error, y conseguir la excelencia.

Comenzaré clasificando los tipos de tintes que hay en el mercado para aclarar un poco las dudas.

TINTES Y MÁS TINTES

TINTES PERMANENTES U OXIDATIVOS

Son aquellos que se mezclan con sustancias alcalinas como el amoniaco o el peróxido de oxígeno que abren la cutícula del pelo para que penetre en la médula y conseguir un efecto permanente. Así el color dura más y no se altera con los lavados, aunque, pasado un tiempo, se puede oxidar, pero, en general, es el que más dura, el que más tono levanta.

> Si tu base es oscura y quieres estar rubia, necesitarás este tipo de coloración o incluso algo más: la decoloración.

TINTES SEMIPERMANENTES

O tono sobre tono, como tradicionalmente los llamamos en el salón. Son aquellos que no penetran en el interior por completo, pero sí en parte. Duran más que los temporales, aunque no tanto como los permanentes.

Al no abrir la cutícula del pelo en su totalidad, dañan menos la estructura del cabello; sin embargo, tampoco puede aclarar ni cubrir el cien por cien de las canas. Hoy se emplean mucho porque dan un efecto más natural y más saludable en el cabello. Se usan para dar reflejos y para aclarar un poco —un tono y medio más o menos—, lo que ayuda en los degradados de color.

Si necesitas cubrir cabello muy canoso, canas rebeldes o aclarar bases oscuras, no son suficientes por sí solos. En el salón los combinamos con otras técnicas y son de gran ayuda para dar matices, reflejos y baños de brillo.

TINTES TEMPORALES

Aquellos que no se mezclan con ningún oxidante. Son más bien pigmentos puros que se quedan en la capa externa del cabello, por lo que se van con los lavados. Debes tener cuidado porque, como te digo, aunque se eliminan con los lavados, dependiendo de la porosidad de tu pelo, de cómo absorba o no el pigmento, estos pueden llegar a durar meses.

Recuerdo que un día usamos un espray de color fantasía en las puntas de una modelo con un pelo rubio precioso para un rodaje que le duró un poco más de lo esperado.

> Si tu cabello es oscuro, estos tintes serán más fáciles de eliminar, aunque también se verán menos los tonos de fantasía.

Los tintes temporales se presentan en una gran variedad de formatos, por ejemplo, como espumas o ceras de colores o espráis de fantasía que fijan y dan tonos de colores que puedes usar en las puntas o en unos mechones en alguna ocasión. O en geles, como la moda de geles con brillantina y tonos de color fantasía, dorados, rosas... o mascarillas y acondicionadores, con pigmentos que dan matices al pelo —ceniza, dorado, gris, cobrizo, rojo...— y a la vez hidratan. También los espráis retoca raíces, que son pigmentos de tonos que cubren las canas de forma superficial y se van con los lavados.

SÉ CREATIVA SIN DAÑAR TU SALUD

Los tintes, como te he dicho, no tienen necesariamente que ser dañinos, a no ser que se tenga alergia a cualquiera de los componentes de cualquiera de las coloraciones descritas.

Una vez conocidos los tipos de tintes, todavía puede haber confusión a la hora de elegirlos. Los temporales no los tendré en cuenta porque son para retocar raíces, para usar un día de fantasía o para dar un brillo extra al pelo, pero realmente no cambian ni tu color ni cubren las canas de manera definitiva. La eterna duda queda entonces entre los permanentes y los semipermanentes.

Te voy a dar mi opinión porque yo lo tengo claro: prueba siempre primero con los semipermanentes, a ser posible sin amoniaco y con aguas oxidativas bajas, de diez o veinte volúmenes, no más. Cubren bastante la cana de un modo muy natural.

Es verdad que el concepto de «cubrir cana» ha cambiado mucho con los años y ahora no nos importa que no quede totalmente opaco y cubierto, ya que esto provocará una línea cuando crezca muy marcada y se verá antes el efecto raíz. Sin embargo, si la cana queda pigmentada de una forma más natural, no cubierta del todo, cuando crece, la línea se funde mejor con la raíz natural creando un efecto de *degradé* de color más natural, que ahora está de moda y que nos viene muy bien para poder alargar el retoque de raíz y conseguir efectos más naturales.

La tecnología de estos tintes semipermanentes ha evolucionado muchísimo y ahora se consiguen coberturas increíbles. Se han eliminado de sus formulaciones componentes —como ppd, parabenos, amoniaco, etc.—que provocaban alergias y molestias en el cuero cabelludo.

COLORACIÓN NATURAL: BARROS Y ÓLEOS

Pero si no quieres nada nada de química, tu opción es la coloración natural. Comencé el capítulo hablándote de que ya en la época de los egipcios, griegos y romanos usaban todo tipo de plantas, insectos, sangre... para cambiar el color de sus cabellos. Vamos, que coloreaban el pelo. En especial usaban, como te he dicho, pastas de henna.

Esta la utilizamos en nuestro salón desde hace ya veinte años. También es verdad que tiene sus limitaciones, pero primero te hablaré de sus múltiples beneficios y de por qué yo sigo amándola y cada día tiene más seguidores.

En esta coloración mezclamos diferentes polvos de plantas con agua caliente. El resultado es una especie de barro, cataplasma que ponemos sobre el cabello y que no llega a penetrar en el interior de la estructura del pelo. Solo afecta a las «escamas» de la fibra capilar.

Solemos mezclar entre diez y doce tipos de plantas para conseguir tonos. Pero no son exactamente castaños, rubios, dorados o negros, son más bien matices que, sobre todo, se notan en bases claras y en canas. La henna, por ejemplo, suele dar un tono dorado, cobre o rojizo, mientras que el índigo tiene un matiz más verdoso y lo utilizamos para oscurecer o matizar el efecto rojizo.

A mí me gustan para transformar las canas en reflejos. Dependiendo de cómo estén tus canas repartidas, conseguirás un efecto u otro. A veces hay que hacer hasta dos pasos en estas coloraciones: primero uno con barros, que suelen pigmentar bastante la cana, y luego otro para matizar y eliminar tonos indeseados.

Este tipo de coloración exige de experiencia para saber ajustar los factores que dan los diferentes matices —elegir la mezcla de plantas, el tiempo de exposición... Las hay que en veinte minutos están listas y las hay que hay que esperar de una a tres horas—. Además, hay cosas que pueden variar el tono como la temperatura del agua, si se cubre con plástico para acelerar el proceso o no, o si se aplica vapor —como hacemos en el salón—. Lo mejor de la coloración con barros es el olor a plantas, natural y poderoso, y el brillo que deja en el pelo. Me apasiona este tema y podría estar horas hablando sobre ello.

> **Esta coloración oxigena el cuero cabelludo y aporta más volumen.**

Como rellena la fibra capilar, parece que engrosa el cabello y que lo reseca, pero es por ese efecto rellenador de la fibra que tan bien viene a los cabellos finos. En el cabello seco se debe contrarrestar esta sensación aplicando aceites naturales como el de coco —que es maravilloso— en los medios y en las puntas.

No obstante, el resultado no satisface a todo el mundo, porque no se consigue el mismo efecto que un tinte permanente, ya que no tiene nada que ver.

> **Si estás pensando en cambiar a esta coloración, acude a un experto y ve con la mente abierta.**

Te aconsejo que le des un par de oportunidades, especialmente si has usado tintes tradicionales. No siempre a la primera se consigue el mejor resultado, es un tipo de coloración que exige fe y paciencia.

El cambio ha de hacerse de forma gradual. Hay clientas con melenas castañas, chocolates o rubios dorados con un porcentaje de canas de un ochenta a un noventa por ciento —vamos casi blanco— que quieren volver a tener su color en ese momento. Pero tenemos que explicarles que el efecto con barros no es el mismo que con los tintes, y que habrá que pasar un periodo de transición.

Esta técnica en el salón la combinamos con otras, como la *babylights* o la *balayage,* o con coloración semipermanente y permanente, dependiendo de lo que deseemos lograr.

Conseguir diferentes efectos de coloración es lo que nos distingue a unos profesionales y a otros, ya que cada maestrillo tiene su truquillo. Hay que estar al día de las nuevas técnicas y adaptarlas no solo al gusto de los clientes, también al de uno mismo.

A mí me encantan los colores naturales, esos que parece que no haces nada, pero con los que queda un cabello brillante con mucha luz que llama la atención. Pero incluso el concepto de «natural» es diferente en cada momento. En mis veinte años de profesión este ha cambiado mucho. Cuando comencé en peluquería lo natural era tener un color perfecto e igual de raíces a puntas —como el rubio inmaculado de Claudia Schiffer—, pero pronto llegó Gisele Bündchen con su californiano y su rubio desgastado y nos cautivó.

Hoy lo natural es el rubio de playa, ese que parece que se aclaró solo con el sol. El que es más oscuro en la raíz y se aclara de forma gradual, y que en las partes más finas como el contorno del rostro y las puntas queda aún mucho más claro. Este efecto lo puedes conseguir con mil técnicas, todas ellas con nombres ingleses o franceses: *balayage, ombré, babylights, foilyage, sombré, color melt...* Yo las suelo llamar *degradé* y en el salón la efectuamos según la base natural, si es oscura o clara, y de lo que más favorezca a la clienta.

¿TE ATREVES CON UN CAMBIO RADICAL?

Muchas veces las modelos, las cantantes y las actrices cambian de imagen para una campaña de moda, un videoclip o una película, y creemos que estos cambios se pueden lograr fácilmente. No siempre es así, a veces son pelucas, otras postizos, pero siempre llevan horas y horas de trabajo de los mejores profesionales y requieren un mantenimiento muy exclusivo. Por eso, debes valorar muchas cosas antes de exponerte a un cambio radical, pues no lo puede hacer cualquiera.

Yo les digo a mis clientas más jóvenes que antes de hacerse un cambio radical de color fantasía deben valorar el estado del pelo, y qué grado de mantenimiento requiere.

Hay otros tonos más naturales, que no son tan fantasía, cobrizos intensos, rubios fríos, nórdicos, dorados de ensueño, melenas chocolate o avellana, que se consiguen más fácilmente y pueden ser cambios radicales maravillosos. En general, aconsejo para cada cambio hacerlo en un par de veces para conseguir acumular el pigmento deseado. Hay que tener paciencia e ir ajustando el tono y disfrutarlo.

Para tonos fantasía, verdes, grises, rosas, rojos..., uno que sea muy llamativo, tienes que hacerlo sobre un color claro.

SI TIENES EL PELO RUBIO NÓRDICO,

tirando a ceniza, es más fácil. Puedes usar colores temporales de los que se van con los lavados y no corres ningún riesgo, solo el de que no te guste.

Pero si tu pelo no es rubio nórdico, debes decolorar, esto es, eliminar el pigmento del cabello, que cuanto más oscuro es, más te va a costar quitar. Es el proceso químico más agresivo de los que se hacen en peluquería y, si el cabello es teñido, no bastará con una sola sesión. A pesar de que ahora existen productos que ayudan y mucho a reparar la fibra entre decoloraciones, lo cierto es que esta se resiente.

Cuando llegues al punto óptimo sin pigmento, es cuando podrás aplicar el tono que quieras, pero este pigmento, para sellarlo dentro de la cutícula, tendrás que cuidarlo al máximo, haciendo tratamientos de reconstrucción celular, usando y abusando de aceites reparadores y, aun así, son colores que tenderán a desgastarse antes que los otros, ya que las escamas de las fibras quedan más abiertas y se escapan las moléculas de color. Y tendrás que ir repitiendo la aplicación, haciendo baños de color cada poco hasta que los pigmentos de color se asienten. Vamos, que vas a tener que dedicarle muchos mimos y tiempo para que el color quede bonito. Luego, una vez asentado, es cuestión de mantenerlo y seguir cuidándolo para que se recupere y brille.

> "Cada cambio radical exige paciencia y tiempo. Y, sobre todo, estar informada.

RABIOSAMENTE DE MODA: EL *CONTOURING*

Ya te he hablado de la importancia del color natural a la hora de elegir la técnica y el tinte que quieras dar. Por supuesto hay factores como el tono de piel, el mensaje que quieras transmitir o los rasgos faciales que son otros puntos de partida para cualquier cambio de color. Evidentemente no es lo mismo una mujer con un cabello negro, piel oscura, rostro redondeado y una frente pequeña, por ejemplo, que quiere verse rubia platino, que otra con un tono castaño claro y piel clara y cara angulosa. Con los colores pasa como con los cortes: unos sientan mejor a unos rostros que a otros.

> **Los tonos claros iluminan y dan volumen. Los oscuros dan profundidad, estilizan o disimulan, aunque también pueden apagar.**

No hay normas escritas, pero con estas dos reglas puedes hacer correcciones.

EL COLOR EN UN ROSTRO ALARGADO

Un rostro alargado suele ser anguloso, delgado, más serio, por lo que interesa iluminar, añadir volumen a los lados y acortar en la parte superior y baja. Ya has visto cómo lo puedes conseguir con el corte, añadiendo flequillos y capas laterales que te aporten volúmenes, que redondeen y te suavicen.

Te he dicho también qué corte recomiendo para rostros alargados: una melena media. Si te gustan las capas, haría unas cuantas en los laterales hacia el rostro, y si eres de las que las odian, haríamos nuestras famosas capas invisibles para dar movimiento. Lo que te aconsejo ahora es aclararlas para que aporten volumen. Puedes aclarar un tono o dos de tu base en algún color que le siente bien a tu color de piel. Si eres de base rubio oscuro o castaño claro, los tonos miel, chocolate o incluso los rubios fríos van a darte mucha luz y se llevan muchísimo. Ilumina sobre todo los mechones del contorno de la cara en los laterales, no hace falta que toques la raíz si no quieres. Puedes hacer una técnica de coloración solo en los medios y en las puntas y te suavizará la cara al instante. Luego lo ideal es peinarlo con volumen. Si lo tienes rizado u ondulado, estás de suerte; si no, usa algún truco para conseguir volumen a los lados.

Si a pesar de tener el rostro alargado eres de las de no sin mi melena larga, mantén la longitud y solo con unas capas en la parte delantera con esta misma técnica de coloración de la que te hablaba conseguirás el mismo efecto de luz y suavidad. Por eso están tan de moda las melenas californianas, el *balayage* o el *degradé* en general. Lo bueno de estas técnicas es que funden con la raíz natural, que no se ve alterada para que al crecer no tengas efecto raíz y que no necesitan mucho mantenimiento. Tengo clientas que se lo hacen una vez al año y el cabello va creciendo, pero se sigue viendo bonito.

Si tu cabello es oscuro, te irán mejor los tonos chocolate, miel, dorado, caramelo, los marrones y rubios dorados. Para hacer rubios fríos en bases más oscuras el mantenimiento es clave, ya que suele predominar el dorado, por lo que tendrás que ir matizando y retocando más a menudo. Esto es una máxima que debes tener en cuenta. Cuanto más oscuro tengas el cabello y más rubia quieras ir, el mantenimiento será mayor. En el salón, aplicando matices, y en casa, usando productos como champús y cremas con matices antidorados, los azulados. Si eliges tonos más naturales, no tan rubios, las visitas al peluquero no serán tan frecuentes. Ya te he dicho que con paciencia todo es posible.

EL COLOR EN UN ROSTRO REDONDEADO

Como el objetivo es estilizar la forma, eso lo logramos dando profundidad en los laterales y luz arriba y abajo para conseguir el efecto de alargamiento que deseamos. Llevado a colores sería: laterales oscuros, mechones que caen a la mitad del pómulo —y cortan el efecto redondeado— y luz en la parte superior y baja, que para ser realista, se traduce en combinar diferentes reflejos de pelo teniendo en cuenta el corte que elijas.

En melenas o medias melenas, céntrate en los mechones hacia los laterales; y con el pelo corto juega más a dar estos contrastes. Hay rostros, como el de Scarlett Johansson, que es redondeado —algo más triangular, pero nos vale de ejemplo—, y ella lleva muchas veces con el pelo corto los laterales más oscuros y la parte de arriba más clara. Es un efecto que estiliza mucho la parte superior de la cabeza, que es más ancha que de la nariz a la barbilla. De todas formas, con un tono rubio platino único o con un castaño o con un cobrizo también está bellísima. Es interesante que conozcas estos efectos ópticos que aportan volumen y con los que puedes jugar.

EL TONO DE LA PIEL

A pesar de lo que te acabo de contar, lo que más determina la elección del color no es la forma del rostro, sino el tono de la piel, y esto es muy delicado porque hay mil subtonos.

Normalmente las pieles claras combinan muy bien con rubios —tanto claros, fríos o dorados más oscuros, los tonos miel, caobas, cobrizos y castaños claro— y las pieles oscuras son perfectas para todo tipo de castaños y morenos con o sin reflejos de luz, los tonos chocolate y rojizos más oscuros como violines, caobas, avellanas. Sin embargo, hay pieles claras que tienen un fondo rosáceo y otras un fondo más grisáceo. Y hay pieles oscuras que pueden ser más verdosas, más doradas o más tostadas. Hay muchas particularidades y debes prestar atención a cada una y a todas en su conjunto. Pueden variar dependiendo del tono de los ojos y la forma de cara. A esto añádele la personalidad o el mensaje que quieres dar al mundo. ¿Eres de las que prefieren pasar más desapercibidas o gritar al mundo «aquí estoy yo»? Me eternizaría hablando del color.

★

Lo que quiero destacar es el juego *que da el color, lo feliz y diferente que te* hace sentir y el brillo, volumen y movimiento que te aporta a la melena. Con las técnicas de hoy en día y eligiendo con cabeza y buen asesoramiento, lo fácil es llevarlo bonito.

★

CAPÍTULO VI

El
PODER *del*
BLANCO.

Luce las canas
con orgullo

Algo está cambiando.
En los últimos años la
percepción del cabello
canoso ha pasado de estar
relacionado con la vejez
a ser *cool*. Y me gusta.
Muchas *celebrities* de todas
las edades han aparecido
estilosísimas luciendo con
poderío su pelo blanco.

*P*oco a poco se ven cada vez más mujeres en la calle que se atreven a dejarse las canas. Por eso quiero dedicar un capítulo entero a este tema. He hablado antes de cómo taparlas y de todos los productos naturales y químicos para esconderlas. Ahora toca el turno de contarte cómo llevarlas con personalidad.

En el salón últimamente son muchas las clientas que nos preguntan sobre ello. Las más jóvenes porque han visto a alguna modelo, actriz, editora de moda o *influencer* luciendo canas y les ha encantado; las más mayores porque están cansadas de la coloración; y otras porque tienen sus primeras canas y quieren saber cuidarlas y sacarles partido. También son muchas las editoras de belleza que nos escriben pidiendo nuestra opinión profesional sobre el asunto. A pesar de la actualidad del tema, es un debate de toda la vida. ¿Quién no se ha planteado alguna vez por qué los hombres se ven tan seguros y atractivos con las canas y las mujeres no?

Las canas son símbolo del paso del tiempo, eso es así, ya que su aparición es un proceso natural y genético que no se puede retrasar. Con la edad disminuye la melanina —hay otras patologías menos comunes que también provocan la disminución de esta sustancia—, y las células que la producen, los melanocitos, dejan de producir el pigmento que da color al cabello, por lo que se queda blanco. Es parte del envejecimiento celular de nuestro cuerpo y piel.

En la raza caucásica lo normal es que las canas comiencen a aparecer alrededor de los treinta años; en otras culturas como la asiática es en torno a los cuarenta. Pero, como en todo, hay gente que tiene canas con dieciséis y otra que no las tiene nunca o muy pocas. Y hay ciertos factores como el estrés o los malos hábitos —el alcohol, tabaco, la mala alimentación— que pueden provocar el envejecimiento cutáneo y con ello adelantar su llegada.

Es normal que con una pérdida muy grande de pelo el nuevo sea blanco. A mí me pasó esto al tener a mi primer hijo, que aparecieron muchas. Aunque es verdad que mi herencia genética tuvo mucho que ver, creo que este suceso lo adelantó, y me vi con veintisiete años llenita de canas.

A nadie le gusta mostrar el paso del tiempo, y más a las mujeres, ni en la piel ni en el pelo, pero ¿y si aceptamos que estos signos pueden ser favorecedores? Si los consideramos un adorno de moda como está pasando en la actualidad, las canas resultarán muy favorecedoras. Te voy a dar las claves para que empieces a amar el pelo canoso.

No todos los cabellos canosos son iguales, hay diferencias y soluciones prácticas para todos ellos. Cuando hablamos de gente con canas, nos imaginamos un pelo blanco pulido, perfecto, con mucho brillo y con un corte de diseño. En realidad tenerlo así cuesta poco, depende del tipo de cana, del porcentaje que tengas de ellas y de tu color de base. Hay unos tonos a los que les favorece el contraste más que a otros.

La cana blanca es la que no tiene nada de melanina en la hebra capilar. Pero también está la gris y la más amarilla. Dependiendo del pigmento al que tienda tu cana —más gris, amarillo o blanco—, de tu fondo de color y, por supuesto, del tono de la piel y del color al que estés acostumbrado, será más o menos fácil dejarlas sin colorear.

Hay personas cuyas primeras canas salen como reflejos naturales y mezcladas con su tono de pelo, y quedan increíbles. En este caso no hay que hacer nada, simplemente dejarlas. Suelen ser mechones de pelo o canas salteadas que combinan muy bien tanto en bases oscuras como en rubias. Si te gusta el efecto, puedes lucirlas así sin colorear desde las primeras apariciones. Pero si no te convence el resultado, es más, si te obsesionas porque contrasta demasiado con tu propio color, te sugiero que no las cubras, sino que las mezcles con reflejos en el pelo —en el tuyo natural, no en la cana— para hacer una bonita combinación de tonos. Es una forma de integrarlas y dejar que la naturaleza siga su curso, porque cuando vaya predominando el número de canas ya tendrás más claro si te gusta el efecto o no. Vive el presente y vete experimentando.

Tienes muchos tonos con los que jugar. Es una coloración amable y si decides que ya estás en el punto óptimo de cantidad de pelo cano, puedes ver el efecto con rapidez al dejar sin dar los barros durante unos meses. Es tan superficial que se van solos y ves la cana aparecer de modo gradual.

El proceso más complicado es de un pelo coloreado a uno canoso, de pasar de teñir el cabello a dejarlo blanco natural. Es un proceso que exige del acompañamiento de un buen profesional porque hay varias formas de llevarlo a cabo.

El primer paso es dejar de teñir unos meses, lo máximo que aguantes. He tenido clientas que han pasado los tres meses de verano sin teñir y a la vuelta les he cortado el pelo cortito, *et voilà*. Superfácil y éxito asegurado. Pero si quieres mantener el largo, el objetivo será igualar esos medios y puntas a tu raíz. Depende del porcentaje de cana que haya y del estado del pelo, lo harás de una manera o de otra.

El único modo de aclarar esa punta coloreada e igualar con la raíz blanca es decolorando. Como es un proceso delicado, te aconsejo que cuando hayas eliminado el pigmento, te des un baño de color o un matiz gris plateado para igualarlo. A veces es bueno hacerlo con diferentes mechas para crear en las puntas un sal y pimienta, sobre todo si la raíz también tiene gran porcentaje de tu color natural. Hay que hacerlo de forma muy personalizada. Y cuanto más largo sea el pelo, más delicado es el proceso. Hay que tener paciencia.

Cuando hablo de hacerlo con diferentes tipos de mechas, me refiero a hacerlo de manera progresiva. En el salón hacemos unas cuantas y vamos aclarando para comprobar cómo se va viendo la clienta.

Es posible que después de que hayas conseguido liberarte del color y tener tu cabello natural, te encante, te quede técnicamente perfecto, lleno de brillo y te vayas de la peluquería feliz, pero en casa te vengas abajo por las reacciones de tu familia y amigos. Qué chasco. Yo en esos casos me resisto a volver al tinte sin más porque sé que costó mucho trabajo y que a la clienta le gustaba y era su entorno el que debía acostumbrarse. Así que pruebo a hacer algún reflejo o mezclar con otro matiz, algo más superficial que de alguna forma cambie el tono. Por ejemplo, tengo una clienta maravillosa que viene dos veces al año y que luce una melena gris con un corte *bob* rizado divino, de verdad que llama la atención por estilosa y especial, pero le gusta combinar de vez en cuando su gris con unas *babylights* que le aportan un tono achampanado que le da una luz increíble a su rostro. Y cuando siente que el ceniza de su bonita melena la apaga, le hacemos esto y el brillo inmediatamente sube.

> *Personaliza tu pelo canoso porque hay mil formas de dar con la clave del éxito.*

CUIDA EL COLOR QUE MARCA TENDENCIA

EL CORTE

Es un cabello que hay que cuidar más que otro, pues se puede pecar de desaliñado fácilmente. No me refiero para nada a estar todo el día perfectamente peinado, me refiero a que esté perfectamente sano y con un corte de diseño.

Me preguntan a menudo por los cortes que más favorecen a los cabellos con canas, y mi respuesta es siempre que el que más le favorezca al rostro pero con un toque de diseño.

Las melenas largas grises son las más difíciles, aunque pueden ser una opción que hay que mantener con brillo y un corte bonito, pero son una excepción. Lo más aconsejable son medias melenas con texturas naturales, *bob* lisos, ondulados o rizados con flequillos, también el pelo *pixie* me encanta. Si tu estilo es más informal: el *shaggy cut,* desaliñado con capas y nuca y patillas largas, potenciando la onda, o incluso los cortes masculinos con flequillos cortos, tipo *garçon,* son muy chics con el pelo blanco.

No hace mucho hice un corte a una clienta con el pelo gris que venía desesperada. Estaba replanteándose si teñirlo debido a su textura encrespada, pues a sus sesenta años se veía muy «avejentada y descuidada». Estudié su textura. Tenía una onda divina, pero muy voluminosa en la nuca y con unas patillas locas —suele pasar, porque las canas en las sienes y en la nuca son más tempranas y fuertes—. El color, eso sí, precioso, gris a mechones blancos, sano, brillante. Le hice un corte *pixie* con nuca larga muy descargado. Las patillas descargadas también y peinado detrás de la oreja para controlar ese volumen. Lo sequé al aire con un aceite especial para el encrespamiento. Alisar aquí, ondular allá, y se fue feliz, con un corte de lo más moderno y acorde a su cara. ¿Y el color? No hice nada, ni siquiera un *gloss,* porque de verdad que era precioso. Queda claro que el corte es fundamental. Corta tu pelo canoso cada dos o tres meses para que siempre esté perfecto y dedícale un poco de tiempo para darle estilo.

EL PIGMENTO AZUL, TU MEJOR ALIADO

El cabello blanco es más sensible al sol, por lo que tienes que usar siempre productos con protector solar. A veces el pelo se oxida y por eso amarillea más, especialmente en los medios y las puntas cuando se utilizan herramientas de secado. Para contrarrestar este efecto existen hoy en día mil productos —tanto champús como mascarillas y acondicionadores, como aceites protectores con pigmentos violetas o azules— que equilibran el tono amarillo y devuelven el matiz blanco. Estos productos también se usan para matizar a un tono más hielo o ceniza el pelo rubio. Normalmente suelen ser suaves y neutralizan de forma progresiva, depende de con qué frecuencia y qué concentración de pigmento lleve.

> **Alterna estos productos con otros sin pigmentos.**

No está demostrado científicamente que el cabello canoso sea más seco, más fuerte o más áspero, pero por mi experiencia yo sí considero que es más grueso. ¿Será un efecto óptico al ser blanco? No lo sé, pero como la cana es señal de que el cabello va envejeciendo, hay que alimentarlo bien, por lo que los productos específicos para cabellos grises o blancos suelen ser *antiaging*, y están enriquecidos con antioxidantes y aceites. Por eso los recomiendo con entusiasmo.

Hace poco trabajé con Mario Vaquerizo, que luce unas canas grises que salpican su melena. ¡Me encanta! Quién se lo iba a decir a él. Como verás, al no teñir el pelo se ve más grueso y las canas le aportan un punto más de autenticidad a su ya arrolladora personalidad. Creo que ha sido un plus a su imagen, a su *look,* incluso a su carrera profesional.

★

Espero que te atrevas con el color blanco.

Eso sí, pide consejo siempre a tu peluquero,

pues será él quien mejor te guíe en el camino del cambio de color.

★

CAPÍTULO VII

Los CAMBIOS HORMONALES *afectan a tu pelo*

Las hormonas influyen en la vida de la mujer y, como no podía ser de otra forma, también en el pelo. Lo constato todos los días con mis clientas y amigas. Debemos estar prevenidas, saber qué se puede hacer y aceptar cada cambio con decisión. Es necesario entender que hay muchos procesos que el cabello sufre que son naturales. Esto es causado por los desequilibrios entre varias hormonas. El de la testosterona hace que se caiga el pelo, que salga vello en zonas donde normalmente no sale o que salgan granos.

*E*n las diferentes etapas de la vida se produce un aumento o una disminución de esta hormona y es cuando se desequilibra el balance y tiene esas consecuencias. Conozcamos cuáles son estas etapas y cómo cuidar el cabello en cada una de ellas.

LAS PREOCUPACIONES EN LA ADOLESCENCIA

Aumenta la testosterona, que es la causante de los desequilibrios y, en el caso de la adolescencia, aumenta la producción de grasa, y hay que buscar soluciones.

Cuántas niñas con once o doce años se ven con el pelo sucio cada día, y es que empieza ya con esta edad el movimiento de hormonas. Yo te recomiendo que utilices champús que sean astringentes, pero suaves, mejor los de cabello fino, volumen... Cuidado con los de cabello graso que pueden resecar el cuero cabelludo. El exceso de grasa viene acompañado a menudo de descamación por una dermatitis.

> ## En esta época, con el aumento de la testosterona, el cabello se engrasa.

En caso de descamación, te recomiendo una visita al dermatólogo. La mía de cabecera, la doctora Rosa del Río —qué paciencia tienes y qué bien lo explicas todo. Muchas gracias—, a la que le hago mil y una preguntas, dice que hay que tratar cada cosa por separado: la dermatitis por un lado y el exceso de grasa por otro.

Pero yo te voy a hablar en general. Si en la adolescencia notas el cabello graso, aplícate un champú apropiado y no tengas miedo a lavarlo todos los días. Es un tema hormonal que pasará. Es mejor eliminar el exceso de grasa que dejar ahí que obstruya el poro.

A mis trece años los cambios hormonales me provocaron un exceso de grasa. Y en plena adolescencia y con los embarazos también luché contra ella, por eso para mí este es un problema que entiendo en primera persona, encontré mi ritmo de lavado y protocolo con el champú de raíz grasa y punta seca que es uno de mis mejores aliados.

Muchas adolescentes me preguntan si es malo lavarse el pelo todos los días, y la respuesta es no, por supuesto. Si lo necesitas no hay problema. Lo que es importante es no agredirlo con el secado, la plancha o la tenacilla, secarlo de la forma más natural y aplicarse los productos apropiados. También puedes usar algún día el champú en seco, pues permite alargar los lavados.

LA INQUIETUD
EN EL EMBARAZO

En el embarazo hay un aumento marcado de estrógenos y el pelo deja de caerse porque se queda detenido en la fase de crecimiento. Sin embargo, cuando tenemos al bebé y termina la lactancia, disminuyen los estrógenos, vuelve todo a la normalidad y el pelo pasa a la fase de caída.

> No te asustes si después de dar a luz se te cae el pelo. Es normal.

Además de detenerse el pelo en la fase de crecimiento —por lo que solemos tener pelazo en el embarazo—, este puede notar otros cambios como que esté más seco o, lo contrario, con más grasa o tendencia a ensuciarse más a menudo. Dependiendo de lo que tú experimentes, tendrás que adaptar los cuidados a estos cambios.

Hace poco hablaba de este mismo tema con una joven clienta con el pelo rizado que tenía la raíz grasa. Me pareció raro y le pregunté qué había pasado. Me confesó que estaba embarazada, así que repasamos juntas los productos que usaba, empezando por su champú nutritivo, que ya no le venía nada bien. Le recomendé uno para raíz grasa y punta seca. Parece obvio, pero como las hormonas cambian, también las rutinas deben hacerlo.

Si tu cabello en el embarazo está más seco, algo que es muy común, hidrátalo más, no necesitas lavarlo tan a menudo. Usa aceites hidratantes, igual que haces con la piel del cuerpo.

Respecto a la coloración, usa una amable y suave, libre de amoniaco, ppd y sustancias tóxicas. Es la más natural del mercado. Ya sabes que también hay barros y óleos orgánicos y, además, dependiendo de la técnica que se utilice, el color no tiene por qué tocar el cuero cabelludo.

Yo en este tema soy muy cauta. He tenido clientas a las que sus ginecólogos les han prohibido colorearse el pelo y nosotras lo respetamos. El noventa y ocho por ciento de ellas no tienen ningún problema y siguen con la coloración que tenemos en el salón. A algunas les hacemos otra técnica diferente al tinte, sin tocar la piel. Es muy personal.

Yo, en mis tres embarazos, me coloreé el cabello con el mismo color que usaba sin problemas.

Hay muchos otros factores que hacen que el cabello sufra o cambie tras el embarazo. En mi caso, la caída fue brutal, me quedé con la mitad de pelo —conozco a muchas mujeres a las que les pasó lo mismo—. Esto no solo se debe al cambio hormonal, también puede influir una bajada de hierro, el estrés, la mala alimentación... A mí se me juntaron todos los factores en mi primer posparto y tardé bastante en recuperar el pelo, pero lo recuperé, eso sí, con todos los cuidados que te estoy contando, porque, como dice la doctora Del Río, si la piel está sana, todo lo demás se trata. Es verdad, hay que ponerse en manos profesionales, pero también hay que tener paciencia. Lo que es obvio es que no a todas las mujeres les afecta por igual. De hecho, tengo clientas que ni notan el embarazo en su pelo o que se recuperan de una caída de cabello de una forma natural como en otra etapa de su vida.

La caída o adelgazamiento de pelo por estrés emocional es una realidad que veo a diario. Puede deberse a un cambio hormonal, pero también a épocas de exámenes, una separación o cualquier situación que tambaleé nuestro equilibrio emocional, porque, además, viene acompañada generalmente de mala alimentación, falta de sueño y nervios.

> Durante el posparto, al cambio hormonal se le añade en ocasiones el estrés emocional.

Analizado ya el motivo de la pérdida de cabello y aunque te hayas tranquilizado porque es algo normal, no te quedes sin hacer nada. Debes intentar que todo el cabello nuevo que nazca lo haga con fuerza, por eso te animo a que tomes suplementos vitamínicos específicos —consulta antes con tu médico—, a darte masajes para activar la circulación, etc.

Y, por favor, y una vez más: si ves que la caída es llamativa, acude a tu dermatólogo. Es quien te va a ayudar con tratamientos que fortalezcan este pelo fino que va creciendo de forma natural.

Yo en los pospartos hice de todo para fortalecer la pelusilla que tenía: nutricósmetica, cuidados máximos y también me recomendaron Minoxidil —es un vasodilatador que incrementa el flujo sanguíneo y estimula el crecimiento del vello—. Como siempre, no te automediques. He visto buenos resultados en muchas clientas, pero debes consultar al médico para que te explique cómo aplicarlo.

También probé la mesoterapia capilar, que es la aplicación de diferentes nutrientes, vitaminas, aminoácidos y plasma que extraen de tu propia sangre y que es rico en plaquetas. Estimula el crecimiento y se inyecta en el cuero cabelludo. Es un tratamiento personalizado que por mi experiencia puede funcionar en mayor o menor medida. Ponte en manos de profesionales si te animas a intentarlo.

03 LA LLEGADA DE LA MENOPAUSIA

Pasa igual que después del embarazo. Disminuyen los niveles de estrógenos, lo que hace que haya un desequilibrio entre la testosterona y los estrógenos, provocando caída o el afinamiento del pelo.

En la menopausia se une este baile de hormonas con un envejecimiento de la piel, y todo ello provoca cambios de textura, afinamiento, sequedad y el pelo tiende a encresparse más. No ocurre a todas las mujeres por igual y no hay evidencias científicas de por qué sucede, pero es una realidad.

Al unirse los cambios hormonales con el envejecimiento normal de la piel, el pelo pierde brillo, se vuelve más seco y un poco más quebradizo. Por lo que es una época en la que necesitas de cuidados externos para que tu cabello recupere su presencia.

> Un corte estiloso es crucial para conseguir el volumen de pelo que pierdes.

También una coloración amable, no agresiva, que llene de brillo el cabello. Y por supuesto para recuperar la elasticidad, toda la hidratación posible con cuidados amorosos en casa —además de aceites o cremas enriquecidas con vitaminas para combatir la sequedad— y en tu salón con tratamientos profesionales para recuperar la fuerza. Es verdad que no hay nada mágico e instantáneo, pero estos cuidados harán que el cabello se vea más bonito.

Añade a todo esto una gran dosis de paciencia y buen humor. La actitud es fundamental. Llegado a este punto en tu vida ya habrás pasado por muchos cambios y podrás con lo que te venga, siempre buscando en las etapas nuevas oportunidades y soluciones.

DESEQUILIBRIOS HORMONALES

Hay otras hormonas como las tiroideas, producidas por la glándula tiroides, encargada de regular el metabolismo, que también se desequilibran. Cuando produce más hormonas que lo que el cuerpo necesita se llama hipertiroidismo y cuando no produce suficientes hormonas tiroideas es hipotiroidismo y puede provocar caída de pelo. Por eso los dermatólogos a veces nos mandan al endocrino.

También los ovarios poliquísticos, la anemia y las reglas muy abundantes provocan la caída y el afinamiento del cabello. A veces es suficiente un análisis de sangre para saber las causas.

★

La caída del pelo no es ninguna tontería,

te puede avisar de un desequilibrio

y tu médico te puede ayudar a regularlo.

CAPÍTULO VIII

El CABELLO FINO *tiene mil ventajas*

Me considero una profesional amante de mi trabajo y me apasiona trabajar con todas las texturas, colores y tipos de pelo. No soy más experta en unos que en otros, pero si hay uno que por mi experiencia personal conozco a la perfección, ese es el cabello fino.

*D*urante mucho tiempo lo he sufrido y mimado, y con los años he conseguido cuidarlo y lucir una melena mucho más densa que de niña. Qué raro, ¿verdad? Lo que no ha cambiado es el liso tabla. Eso me hace amar el cabello rizado como un tesoro inalcanzable, aunque he aprendido a sacar provecho a mi textura.

Lo primero que debes saber es que la genética manda y decide cosas como la textura y el grosor del cabello, heredado de nuestros padres. Muchas veces el pelo puede afinarse por mil razones y en ocasiones hay que acudir a un buen dermatólogo para averiguar por qué está ocurriendo esto. Pero aquí te voy a hablar de las que, como yo, desde niñas tuvieron y tienen el cabello fino. Ese que en la raíz está muy bien, pero que hacia las puntas parece que se afina más y nunca llegamos a tenerlo largo. Por supuesto que mejorará mucho con la alimentación. Recuerda de lo que te he hablado, de la importancia del hierro, de las vitaminas... para tenerlo fuerte y evitar que se rompa. También de la relevancia de un corte apropiado que te aporte volumen, de la coloración natural, suave, que evite la rotura del pelo.

En este capítulo te contaré lo que yo he ido experimentando y aprendiendo, y responderé a todas las preguntas que me hacen mis clientas en mi día a día.

BUSCA SOLUCIONES Y NO DESESPERES

EL CORTE PARA DAR VOLUMEN

En la mayoría de las ocasiones el pelo fino queda mucho mejor con una melena media que larga.

SI TIENES EL PELO FINO, PERO ABUNDANTE, considérate afortunada, podrás lucir melena larga, pero nunca será tan voluminosa como la de los anuncios porque este cabello no tiene tanto volumen como el grueso.

Con el cabello fino —tanto liso como ondulado y rizado— conviene no capear en exceso, pues con las capas se suele perder grosor del pelo. Pero, claro, una melena cuadrada y media a veces resulta muy aburrida. Si es tu caso, añádele un flequillo —ten en cuenta primero tu tipo de rostro—.

> ## El flequillo es un truco genial para dar volumen superior.

Es verdad que si el cabello es muy fino, la zona superior será aún más fina —debido a los capilares que riegan la cabeza, por eso aconsejo activar la circulación sanguínea de la zona con automasajes ascendentes—, por lo que un buen flequillo denso y entero aportará allí volumen, tanto en liso como en onda o rizo, pero no en todos los casos se puede hacer, porque a veces no hay suficiente pelo o nos condicionan los remolinos —la dirección natural hacia la que nace el pelo—.

> ## Personaliza tu flequillo —ladeado, abierto, denso, a hebras— y cámbialo cada temporada.

Cambiar de estilo es divertido, aunque solo sea de flequillo. Por lo tanto, melenas medias, cortas y los flequillos te van a favorecer si tienes el cabello fino. No obstante, ten cuidado porque si te lo haces supercorto, puede parecer que tienes incluso menos densidad. A mí me gustan mucho los cortos de capas largas, tanto en liso como en rizado y en ondulado.

Las agraciadas de pelo fino pero abundante que se puedan permitir una melena larga, esta será sí o sí entera, como mucho con suaves capas delanteras si el rostro es alargado o si se quiere dar forma a las ondas o los rizos.

En caso de melena media o larga, hazte capas invisibles. Hechas muy finas son perfectas para esta textura de pelo, pues dan algo de movimiento sin reducir el grosor de la melena. No son bajas, porque en la punta se deja peso, son capas medias incluso altas pero muy muy estudiadas. Deben ser sutiles y no muchas en caso de poca densidad.

> ❝ Atrévete con mil capas invisibles si tienes el cabello fino y abundante. ❞

Yo ahora llevo una melena sencilla que parece entera, pero me acompañan mis capas invisibles que me retoco cada mes —odio el efecto punta abierta, no me lo puedo permitir— y que me aportan el máximo movimiento y volumen.

Ah, otro detalle respecto al corte en cabello fino: este exige más mantenimiento que uno en cabello grueso, ya que las puntas, como te he dicho, son más propensas a abrirse. Lo aconsejable es que las sanees cada dos meses, aunque dependerá, cómo no, de la importancia que le des al cuidado del pelo. Si tus puntas después de cortar se ven fortalecidas por un ritual de mimos e hidratación, puedes llegar a los tres meses sin cortar, pero no más.

LA OLVIDADA HIDRATACIÓN

La hidratación es uno de los puntos donde más flaquean las portadoras de pelo fino. El clásico «no uso acondicionador ni aceites porque me queda el pelo sin volumen o apelmazado» lo escucho a diario. Pero esto es un gran error, pues al hidratar el pelo, aunque pierda volumen, se fortalece.

El cabello fino es más sensible no solo al calor del sol, también al calor del secador, a la plancha, a la tenacilla, es más sensible al color, al cepillado, incluso lo es a las horquillas, tocados y gomas. Por eso hay que mimarlo al máximo.

En el salón veo continuamente melenas con cabellos rotos, y te aseguro que no solo en casos de cabello fino, que son delicadísimos —bueno, y decolorados o maltratados químicamente por queratinas o permanentes—. La primera y la mejor forma de proteger este tipo de cabello es hidratándolo. Y te diré que es mucho mejor el clásico acondicionador —para pelo fino, por supuesto— que cualquier desenredante en espray. Estos acondicionadores están diseñados para hidratar y suavizar superficialmente.

El aclarado debe ser abundante para que se elimine correctamente, por eso es imposible que lo sientas pesado si has elegido un buen producto, has usado poco y lo has enjuagado bien. Hay muchas jóvenes con el pelo fino y muy delicado que me han hecho caso y han comprado su acondicionador ligero y el resultado les ha encantado.

Este ritual es muy sencillo, por eso me sorprendo cada día de la cantidad de gente que no utiliza acondicionador. Si eres una de estas personas, úsalo y luego me cuentas.

LA IMPORTANCIA DE LAS CANTIDADES

Superado este gesto básico de hidratar, te recomiendo también usar en mojado y antes de desenredar un espray ligero, un aceite o una crema en poca cantidad para que te ayude a pasar el peine de púas anchas y que no parta el pelo. Hazlo con delicadeza, siempre desde la punta y cuando tu pelo no esté empapado.

Ya te he hablado antes de mi truco de pasearme con un turbante después de lavarme la cabeza para que el pelo quede despegado de raíz. Pruébalo y te darás cuenta de que llevo razón.

Siento comunicarte que el producto mágico que te va a dar todo el volumen que necesitas no existe. Hay mil maravillas que a unas les funciona y que otras odian porque ensucian el pelo. Pero también hay que reconocer que se usan fatal.

Las cantidades siempre deben ser muy pequeñas. Yo hablo de granos de arroz y lentejas, como mucho; si tienes mucho pelo, garbanzos. Y si son en espray, con dos o tres pulverizaciones es más que suficiente. La gente se sorprende cuando se lo digo. Y otra cosa: repártelo bien.

LA DELICADEZA DE DESENREDAR

Después de aplicar los productos, pasa el peine de desenredar o los cepillos de púas blandas que hay especiales, muy suaves y flexibles.

Te habrás dado cuenta de que a mí me gusta desenredar en mojado con los dedos para evitar tirones. Además de evitarlos, reparto muy bien los productos para que no se queden localizados en zonas concretas.

EL SECADO

Ya te he contado algunos trucos sencillos para conseguir volumen y los productos que lo ayudan para conseguirlo. Pero hay otros que puedes aprovechar si eres un poco mañosa.

Después de secarlo con la cabeza hacia abajo y moviendo mucho la raíz —para conseguir el máximo volumen superior—, hazte un moñito flojo en la parte de arriba cuando esté seco del todo. Puedes enrollar la melena sobre sí misma —si es que tienes melena larga, claro— con la cabeza hacia abajo y luego hacer un rollito encima justo de tu cabeza y sujetarlo con una goma alrededor —es preferible que sea de las que están forradas para que no se marquen—. Justo antes de salir de casa, te la quitas y te quedará el pelo con volumen superior. Si tu pelo tiene gesto, puede incluso quedar una onda.

Para forzar el volumen y la onda un poco más, aplícate en mojado un poco de espuma suave de ondas o un espray de agua de mar y sécalo con un difusor con la cabeza hacia abajo y muy pegado, sin moverlo en exceso.

LOS RULOS VUELVEN A PISAR FUERTE

Gran invento de la humanidad donde los haya. Aunque pueden parecerte muy friquis, funcionan, y tienen una legión de admiradoras que los apoyan. Tanto en frío como los famosos calientes fueron aliados del volumen en los ochenta y los noventa, y te aseguro que nunca han dejado de estar de moda.

Es verdad que en el salón apenas los utilizamos, ya que trabajamos muy bien las melenas para que nos queden con volumen, pero para rodajes, sesiones de fotos o incluso para novias o invitadas de fiesta, mientras se maquillan o esperan a última hora, los seguimos empleando. Los muy grandes, eso sí, para mantener el volumen que hemos conseguido con el *brushing* —la técnica de secar el pelo con cepillo redondo y secador para dar forma al pelo y que quede pulido y brillante—.

> " Los rulos para casa son estupendos y muy fáciles de usar. "

Puedes colocarlos con el pelo casi seco y seguir dando calor con el secador o esperar a que se seque del todo. Esta es la mejor forma de elevar la raíz. Y te los puedes poner en toda la cabeza o solo unos cuantos en la parte delantera o en las zonas que quieras elevar. Luego te los quitas, bajas la cabeza, agitas y pulverizas un poco de laca o texturizador para romper algo la textura y mantener el volumen, y lista.

También me encantan los calientes. Son un poco pesados y la forma es más noventera —dejan la onda de rulo en el largo de melena—, pero si luego cepillas o bajas las puntas con una plancha o rehaces la onda con tenacilla y texturizador, te quedará la onda mucho más surfera. Tal vez pienses que es mucho trabajo, pero vas a lograr una melena más densa y más gruesa, como la que consigues con un *brushing* —que es mucho más difícil de hacer una misma—. Ahí lo dejo.

CHAMPÚ EN SECO Y ESPRAY TEXTURIZADOR

Estos dos productos son muy útiles para el pelo fino, porque nos ayudan a conseguir volumen en la raíz, absorben el exceso de grasa de la raíz y dan una textura seca, por lo que generan volumen. Yo los uso en producciones de moda para dar cuerpo al cabello de forma inmediata.

Un buen truco para que dure el volumen de la raíz es el cardado invisible. Si cardas un poco la raíz por dentro —nunca en las capas externas del pelo, a no ser que lo haga un experto cardador para evitar el efecto nido de pájaro—, el volumen será total y duradero, incluso para hacer recogidos.

NO TE QUEDES SIN SABER

A pesar de que pueda parecer pesada, quiero volver a insistir en unas últimas recomendaciones que siempre les doy a mis clientas con pelo fino.

— Usa gomas forradas. Cuidado con las elásticas que cortan el cabello y con recogerte el pelo mojado. Todos los días veo pelos partidos en la nuca y en la capa superior. También si son recogidos muy tirantes puede haber caída alrededor del rostro (en casos extremos, hasta alopecia).

— Si notas que el pelo se te cae bastante, prueba la nutricosmética. Repasa el capítulo de alimentación con lápiz y papel y no olvides utilizar unas buenas vitaminas para el pelo en épocas de caída. Harán que el cabello nuevo crezca más fuerte.

> Si pierdes una exageración de pelo, acude al dermatólogo sin falta. Hay mil soluciones.

— Procura no dañar tu fibra capilar con tratamientos químicos agresivos.
— Cuidado con la coloración, elige siempre la más natural, porque tienes que mantener el pelo toda la vida.
— No te hagas cambios de color muy radicales que entrañen tratamiento de aclarados agresivos. Elige siempre poco a poco y con cabeza. Puedes pagar caro los errores capilares. He oído demasiadas veces «mi pelo era fino y delicado, pero sano, y tras esta decoloración (o este alisador o permanente) ya no es el mismo».

> Hay tratamientos químicos que rompen la estructura del pelo. No te la juegues.

— Los barros como tratamiento te aportan más cuerpo y te ayudan a engrosar el pelo, además de oxigenar y alimentar el cuero cabelludo. Los hay incoloros y con matices.

— La permanente rompe la estructura de tu cabello. Obtienes volumen u onda, pero a un precio demasiado alto. No arriesgues con la integridad de tu cabello. Además, nunca te quedará como en los anuncios de rizos u ondas surferas, pues está siempre trabajada con tenacilla. Que no te engañen.

— Carda mechones en zonas que no se vean (como los laterales o la nuca, o incluso para recogerte el pelo en la zona superior) y luego pasa el peine para pulir. Este tipo de cardado invisible hará que el volumen te dure más. Es un truco muy socorrido y de toda la vida por el que me preguntan mucho, pero que hay que saber hacerlo bien.

— Las extensiones las utilizo para eventos, fiestas, novias..., porque los peinados con cabello fino suelen durar menos tiempo. Incluso los sencillos, como una coleta, no quedan igual con este tipo de pelo. Son superfáciles de poner. Yo a mis clientas les aconsejo que se compren su kit de tiras o su coleta porque lo amortizarán. En el salón también las alquilamos para las menos mañosas que creen que no las van a volver a usar.

— Después de media hora dando lo mejor de una para conseguir volumen, lo normal es que al llegar a la

fiesta no quede nada. ¿Te sientes identificada? Encuentra tu laca aliada o espray de fijación. En las al-
fombras rojas aseguran que no se mueva ni un pelo.
Busca, eso sí, la más ligera. Yo la amo.

CAPÍTULO IX

El CABELLO GRUESO, *la fantasía de muchas mujeres*

Tener un cabello grueso y abundante es un sueño, eso está claro. Hay que tener mucho pelo, sano y fuerte, porque como ya te he dicho antes, en la vida capilar hay muchos cambios y el pelo envejece y se afina.

$\mathcal{S}$i eres poseedora de un cabello grueso, siéntete bendecida por la naturaleza. Aunque la realidad es que muchas veces las afortunadas no disfrutan de su regalo porque resulta una carga un poco pesada —nunca mejor dicho—, por eso te voy a dar las claves para volver a enamorarte y valorar tu pelo.

LA PERFECCIÓN NO EXISTE

Nunca me he encontrado con nadie que afirmara que tenía un pelo perfecto, ni grueso ni fino, ni mucho ni poco. Esta percepción es subjetiva. Incluso, dependiendo de qué país seamos, parece que el pelo es de una forma o de otra. Recuerdo mis años de peluquería en Londres, donde mis compis suecas e inglesas —con un pelo hiperfino y delicado— continuamente alababan mi pelazo español. Claro, comparado con el de ellas, el mío se veía grueso. Qué gracia, ¿verdad? Todo está en la comparación.

No voy a entrar en el tamaño del diámetro del cabello visto al microscopio, solo si te sientes identificada con un pelo grueso, fuerte y que tiende a ser más seco, más potente incluso, que absorbe más humedad que el fino, que se infla y se encrespa porque le afecta mucho el frío, el calor, la humedad..., que te alisas y sales a la calle y se encrespa, ese que tiene mucho volumen, grosor, una caída rotunda, menos movimiento, más sensación de masa... Eso es para mí un cabello grueso.

EL CORTE PARA QUITAR VOLUMEN

Es difícil generalizar, todo hay que personalizarlo, porque evidentemente dependerá de si es rizado o liso, pero quiero contarte el tipo de cortes que aconsejo en caso de cabello grueso.

A estas alturas del libro ya sabes que lo más importante para mí, cuando hablo de cuidados de cualquier tipo de pelo, es el corte. Por mis años de experiencia, las mujeres de cabello grueso suelen ser más conservadoras por miedo al temido volumen. Es una realidad. Independientemente del rostro, de la textura, de si es liso u ondulado, el cabello grueso suele ser voluminoso, y eso a la hora de cortar da miedo. Por ello aconsejo hacerlo con mucha técnica y mucha cabeza.

Con el cabello grueso, «rebajar pelo» es casi una obligación. Tanto en liso como en rizado, una de las principales características de este tipo es el efecto masa, la pesadez.

> **La necesidad de sentir menos pelo la puedes conseguir con el corte.**

La forma de rebajar pelo es descargando, haciendo capas. Pero cuidado, porque mucha capa a veces, especialmente si son cortas y por encima, hacen el efecto contrario. A diario me encuentro clientas con un desastre capilar por el exceso de capeado, dando como resultado una melena bola o champiñón, sobre todo ahora que se lleva tanto la media melena. Y es que las melenas cortas son un peligro para las mujeres con cabello grueso.

El corte recto sin capas queda genial en un pelo liso, ondulado o rizado. Descarga volumen en la parte interna y rompe la punta para evitar el efecto melena triángulo, paje o menina. Una melena corta a la altura de la barbilla sienta de maravilla si descargas internamente y dejas peso en las capas superiores. A mí me gusta hacer el corte mitad en seco, mitad en mojado. Hay que darle muchas vueltas porque en ocasiones queda mejor una melena de base recta; sin embargo, a la hora de secar, de repente, veo que un flequillo largo a la altura del pómulo acompaña y rompe la linealidad del corte.

> **Opta por una melena más larga con peso y capas bajas sencillas. ¡Acertarás seguro!**

Dejarlo más largo y pesado es una opción segura. Haz suaves capas para dar movimiento, por ejemplo, alrededor del rostro, o las clásicas bajas que funcionan muy bien porque hacen que las puntas no sean tan sólidas. Le da una caída más natural, más ligera.

Un caso muy claro es la melena de Jennifer Aniston, de la que ya te he hablado, que tiene un pelo abundante y que parece grueso. Cuando se lo cortó para *Friends,* su pelo tenía ese volumen que dan las capas cortas, fue muy alabado y en su época era lo más, pero exigía peinarlo a menudo para controlar el volumen. Con la melena media o larga está más natural. Hoy la lleva con capas bajas y en el contorno de la cara que le da ese punto de movimiento y peso a la vez que tan acertado me parece. Este es un corte con el que no te equivocas nunca, tanto en liso como en rizado u ondulado.

Pero si quieres cambiar y tienes este pelo tan abundante y grueso, es vital antes de un cambio más cañero que te pongas en buenas manos, para que observe cómo se mueve, para que vea cómo reacciona el pelo. Aquí suma la experiencia, el gusto por la moda y un punto de riesgo.

En el salón trabajamos con varias agencias de modelos. Llevábamos años valorando las melenas largas y perfectas con un color natural lleno de brillo, tipo los ángeles de Victoria Secret, melenas de ensueño. Pero ahora por fin, y con gran alegría, vuelve a reinar la diversidad de estilos, cortos, medios, más *shaggy* —efecto despeinado— o lineales, flequillos atrevidos o largos, que además se peinan de mil formas. Un buen corte de pelo puede dar un giro a la carrera de las modelos. Cuántas niñas han venido con su melena de quinceañera temblando y se han ido con un corte con flequillo o corto y han empezado a triunfar. El mérito es de las agentes que piensan en todo. Es un trabajo que me encanta y me apasiona. Desde aquí agradezco esa confianza que me dan las agencias, las clientas de marcas de moda y belleza, las modelos, porque al final, después de muchas reuniones de estado, la decisión es de ellas y mía.

> Las capas ayudan a romper el efecto pesado del pelo grueso y dan movimiento.

El cabello corto exige un retoque cada mes para mantener el volumen a raya. Esto es algo que me gusta aclarar, aunque te diré que las mujeres —y los hombres— de cabello grueso lo tienen más que asumido. Si es largo las visitas a la peluquería se pueden espaciar un poco más, puesto que las puntas son más resistentes.

En el caso de pelo corto y grueso uso a menudo la navaja, que es una herramienta perfecta para rebajar volumen y descargar. Da mucho movimiento. Aunque siempre les pregunto a mis clientas si les gusta o no porque es muy personal. Debes saber que se afina el pelo y se rasga la fibra capilar. En cabellos finos, debilitados o con tendencia al encrespamiento desde luego que no la empleo. Pero para cortes en cabellos gruesos, flequillos densos que quieres aligerar o laterales que quieres estrechar es una técnica muy buena. Eso sí, siempre repaso luego con tijera para pulir la punta.

LA HIDRATACIÓN ES FUNDAMENTAL

Suele ser un cabello con más necesidad de hidratación que el fino. En este caso no para fortalecer, sino para dar suavidad, aportar brillo y proteger frente a la humedad, ya que este tipo de pelo suele ser más sensible a la humedad, por eso se encrespa.

En casa debes cuidarlo con productos hidratantes enriquecidos con aceites que aportan más brillo. Además de usar champú y acondicionador, cada vez que te laves el pelo o una vez a la semana al menos. No es necesario lavarlo tanto como el fino porque se ensucia menos. A veces hay que rehidratarlo a diario con unas gotas de aceite, sérums o espráis acondicionadores en seco que aportan a la melena ese punto de brillo que le falta, además de proteger de la humedad. Son los famosos productos *anti frizz*, esto es, antiencrespamiento. Se suelen usar en mojado y unas gotas en seco. Ve probando porque hay mil y a cada pelo le gusta un tipo.

Otra forma de hidratar fantástica es aplicar aceite hidratante al cabello durante la noche anterior al día que toque lavarlo. Digo aceite, pero también hay productos diseñados para esto. Yo soy muy de dejarme el aceite por la noche en las puntas, encuentro que es perfecto para todo tipo de cabellos, para el grueso toda hidratación es poca y para el fino, como al día siguiente lo lavas, no apelmaza nada y queda muy brillante.

EL PEINADO QUE MÁS LUCE

Una de las ventajas del cabello grueso, que suele ser más seco, es que se ensucia menos. Tardarás más tiempo en peinarlo, tal vez te resulte cansado porque hay más cantidad, evidentemente, pero ten en cuenta que luego es muy agradecido y que el peinado dura varios días, por lo que merece la pena pasar un rato marcando tu rizo o alisando aquí, o dando un toque allá.

No es un cabello que necesite muchos productos de fijación, pero sí, como te he dicho, los que protegen de la humedad.

> El cepillado, además de otros beneficios, es un arma para conseguir más brillo.

El pelo grueso y abundante puede enredarse mucho, por lo que el cepillado es vital. Si tienes la melena larga es aconsejable que duermas con una trenza para evitar que se enrede más de la cuenta.

Nunca dejes nudos en el pelo, siempre debes deshacerlos. Al salón vienen jóvenes con mucho pelo grueso, tanto liso como rizado, y unos enredones increíbles, especialmente en la nuca, y eso es porque no lo cepillan. Yo les hablo de la importancia del cepillado para evitar roturas y favorecer la hidratación natural del cabello. Es verdad que en el caso de rizado y ondulado es más difícil, porque no queda igual la onda, pero puedes usar los dedos a modo de rastrillo para evitar los nudos.

CHAMPÚS EN SECO

Si tu cabello grueso es seco, pero tiene la raíz grasa, no dudes en usar también champús en seco en la raíz para alargar los lavados. A veces el cabello grueso y liso es tan pesado que nos enfrentamos a una raíz sin volumen, y estos espráis son perfectos para dar textura y cuerpo a raíces pesadas. ¡No solo valen para cabellos finos!

PEINADOS Y RECOGIDOS

A la hora de recoger el pelo, es más difícil hacerlo con el cabello grueso, pero debes practicar porque hay peinados que son más lucidos. Por ejemplo, las coletas y las trenzas lucen más bonitas, puedes mezclarlas y hacer mil diseños. Con el fino cuesta más que queden densas.

Para recogidos pequeños es necesario no llevarlo excesivamente largo y antes de hacer uno de bailarina, por ejemplo, peinarlo con una trenza o hacer un retorcido para que el volumen no se vea tan grande.

Otro de los «problemas» que más me comentan a la hora de hacer recogidos es cómo sujetarlos. En realidad es algo difícil si no eres profesional. Yo te aconsejo que utilices gomas. Te explico cómo. Primero hazte una coleta baja o alta —o donde quieras que quede el moñito—, luego retuércela sobre sí misma y aplica un poco de laca para que fije. Haz el moñito y ponte una o varias gomas rodeando el recogido. Finalmente, ajusta con las horquillas. De esta forma no necesitarás ponerte tantas. Las coletas y las trenzas lucen increíbles y hay miles de versiones.

Usa siempre laca para fijar los peinados con el pelo grueso.

En caso de que lleves el pelo suelto no hace falta usar tanta laca como con el cabello fino, pero en los recogidos, los hay tan fuertes y gruesos que van perdiendo hasta las horquillas. Por eso ayúdate de la laca en cada paso. Hará que todo se fije mejor y tu peinado dure más tiempo pulido y bonito. A nadie le gusta el pelo muy enlacado y encorsetado, pero una laca muy suave o un espray antiencrespamiento van a controlar el volumen. Aplícala siempre desde lejos en forma de nube para evitar ese efecto pesado.

SI TIENES EL PELO SUPERLACIO Y GRUESO
y lo llevas largo entero sin capas, te va a costar más hacer ondas que duren y mucho más darle ese punto surfero roto, de ahí la importancia de aligerar con el corte y las capas para dar movimiento. Como te he dicho, de todas formas vas a necesitar marcar con tenacilla o plancha y fijar con laca, y al final mover y texturizar con espray o cera texturizante y las manos.

Me he encontrado con novias, por ejemplo, con una manta compacta y larguísima que llevaban cuidando con amor para la boda para luego querer una melena de ondas rotas de revista o un peinado deshecho con pelitos que caen en la cara. Solución: ¡la tijera! Hidratarlo meses antes para conseguir una textura de pelo más domable y, por supuesto, trabajarlo también.

NO TE QUEDES SIN SABER

Hay muchos trucos como el de lavarlo y peinarlo el día antes de un evento importante para que la textura quede más natural, el volumen se asiente y quede con una caída más ligera.

Ya te he dicho que soy muy preguntona y me gusta observar el cabello de mis clientas para que ellas conozcan estos detalles. Te cuento algunos últimos consejos para que ames tu pelo grueso.

— Buenas noticias en cuanto a la coloración, ya que es la textura más agradecida para cambios radicales, pues aguanta todo.

— Si tu cabello es grueso, puedes experimentar con colores.

— Al ser menos brillante que el fino, apóyate en cualquiera de las técnicas y tipos de coloración de las que te he hablado.

— Te recomiendo encarecidamente hacerte tratamientos de hidratación en el salón, que son más profundos que los caseros.

— Puedes hacer tratamientos alisadores o queratinas relajantes, siempre las más suaves en composición química y no hacer más de dos al año. Aunque tu pelo sea fuerte, al fin y al cabo son tratamientos químicos de los que no es conveniente abusar porque afectan a la textura del pelo.

— Haz estos tratamientos antes del verano para relajar los cabellos demasiado rizados y voluminosos. Así puedes liberarte en esta época de la plancha.

— Una vez más, déjate aconsejar por un profesional de confianza que conozca tu pelo. Hay muchos tratamientos y no todos son lo que parecen.

CAPÍTULO X

El
CABELLO RIZADO,
lúcelo jugoso

A estas alturas del libro ya te he hablado bastante sobre el pelo rizado. Ahora te contaré mis básicos de cuidados de esta textura tan bonita que cada día defiendo en mi salón. Digo defiendo porque son muchas las afortunadas que no se lanzan a lucirlo con el orgullo que se merece.

Como poseedora de la melena más lisa de la tierra, defiendo a capa y espada el pelo rizado. Siempre lo he hecho, pero he de reconocer que ahora mucho más porque está muy de moda.

Hoy muchas modelos presumen de sus rizos en pasarelas y campañas internacionales con cortes modernos y apetecibles que son inspiración para niñas que no terminan de aceptar su textura, y esto les ayuda un montón. Al fin y al cabo, verlas con unos cortes de vanguardia y un rizo natural de lo más fresco apetece y a mí al menos me pone de muy buen humor.

Todos pasamos por esa fase de no aceptación de lo que somos y tenemos. Eso hay que respetarlo, pero pasada la adolescencia ya no permitas esa desfachatez y proclámate defensora del rizo. Es incuestionable que para que luzca bonito hay que dedicarle amor y unos cuantos trucos. Si eres de las que alisas sin descanso, podrás perder el rizo, aunque también recuperarlo si haces todo lo que te explico en este capítulo.

NO RECHACES TUS RIZOS

Hay ciertas verdades universales del pelo rizado, como que es más seco y más mate. Al hacer una línea curva, la luz no incide como en una recta y no produce ese resplandor que sí se produce en el pelo liso. Puede ser un cabello fuerte y sano y no parecer tan brillante como el liso que hace ese efecto espejo de reflejar la luz. Por eso hay tantos productos que aportan brillo, porque lo necesita.

El pelo rizado no siempre es grueso y abundante, por lo que los productos especiales para este tipo de cabello en ocasiones no funcionan, ya que pueden resultar muy pesados. Esto es algo que veo a diario. Por eso cada vez más las firmas de productos capilares diferencian sus colecciones en suaves y fuertes, para distinguir esa necesidad de un cabello fino, que necesita una hidratación y definición más ligera, de un cabello rizado grueso, que necesita dosis extra en hidratación, nutrición y brillo.

Otro de los factores que caracteriza este cabello es la cantidad y el volumen. No todas las cabezas rizadas son voluminosas; muchas son las personas con pelo fino que buscan volumen, bien porque no tienen mucha cantidad, bien porque es un rizo de raíz más lisa y se pierde.

Hay muchos tipos de rizos —incluyo ondas— que son más abiertos y en los que con un buen gel o una espuma definidora forzamos su forma y hacemos que quede un rizo grande.

En general, el pelo rizado es más voluminoso que el liso, a veces demasiado voluminoso, por lo que suele ser una textura que huye de melenas muy cortas para evitar las cabezas bola. Este es un miedo universal de las mujeres con pelo rizado voluminoso, que quede muy corto y que encoja. Por eso el corte es fundamental y se tiene que estudiar muy bien el tipo de rizo, la cantidad y el volumen. Y sabiendo ya cómo pienso, comprenderás que el corte es lo más importante. Y para no repetirme —porque ya he hablado mucho de esto— te daré unos tips especiales para triunfar con el corte de pelo rizado.

CORTES PARA CONTROLAR EL VOLUMEN

Acude al salón como lo sueles llevar, al menos en tu primera visita. Lávalo en casa y sécalo como a ti más te guste para que tu estilista vea la realidad. Si vienes del gimnasio con una coleta, ¿cómo se va a hacer una idea de tu volumen, de tu textura? Que te vea con el pelo en seco para que le cuentes lo que te gusta.

Yo soy mucho de explicar lo que voy a hacer, ya lo sabes, y qué técnica voy a utilizar. Por ejemplo, si me encuentro con una melena rizada con muchísimo volumen y pocas ganas de cambio, tan solo necesidad de sanear y buscar un estilo, a la clienta le cuento que se puede descargar internamente y dejar las capas superiores que pesen para hacer forma en el rostro y sanear cada mechón de pelo un poco. Este corte tan sutil es un reseteo de puntas y es muy importante para mantenerlo sano. Pero si viene con ganas de cambio, aporto ideas y hablo de posibilidades y, una vez que se decide, a cortar.

El corte en seco del pelo rizado me encanta, pero he de decir que eso no significa que en mojado vaya a quedar mal. Depende de cada caso lo hago mitad en mojado, mitad en seco, pero es cierto que parte del corte tiene que ajustarse en seco, ya que cada mechón tiene una forma de rizar diferente y en seco se ve muy bien cómo quedará.

Ahora hacemos muchos flequillos. En mi última colección —hace ya varias temporadas que siempre aparece una o varias propuestas de pelo rizado— presenté una melena media por debajo de la clavícula con un capeado precioso para dar volumen en la parte superior y un flequillo rizado. Es importante jugar con la capas porque, como ya te he dicho, con ellas rebajo volumen de donde quiero. En el caso de mi propuesta para este verano 2020 he rebajado la punta para que no se viera muy cuadrada. Conseguir el punto exacto es un arte que hay que ajustar en seco. He hecho un corte en *degradé* con el flequillo hacia la cara —no muy tupido, porque mi modelo tenía una carita pequeña— y mucho volumen, además de un remolino enorme en la frente que hace que el flequillo se abra. Muy importante también, luego le enseñé a peinarse la raíz del flequillo en mojado hacia delante para cerrarlo y dejar secar al aire. Son particularidades de cada una que se personalizan y enseñan. La modelo está feliz con su nuevo *look* y me consta que está provocando un cambio en su carrera. Las capas cortas aportan volumen y pueden ser tu mayor enemigo si tienes el pelo muy voluminoso. Si es así, mejor capas largas que pesen.

> **El corte de pelo rizado en seco permite ajustar mejor el volumen. ¡Es una técnica que me encanta!**

Las melenas más largas y pesadas con ligeras capas en el contorno del rostro aportan algo de gracia, en especial si es un pelo que se encrespa y se abulta con facilidad.

El pelo rizado que más estilos diferentes de corte admite es el fino, porque su volumen se puede controlar más y se puede conseguir hasta en melenas muy cortas, estilo *bob* o rectas con el cuello despejado que resultan superchic. También se pueden hacer con cabellos más gruesos y voluminosos, pero eso sí, descargando mucho. Estas melenas cortas son muy esculturales y exigirán un retoque y ajuste de volumen cada dos meses.

DOMINA EL ENCRESPAMIENTO

Es otra de las batallas con las que luchan todas las personas con el pelo rizado, y la única solución es la de hidratación y secar sin potenciar el encrespamiento. Hay otros trucos que hacen que no lo empeores, pero en realidad no hay nada mágico que lo evite por completo. No te obsesiones, siempre hay un punto que no puede estar más definido, a no ser que pases una tenacilla mechón a mechón y ni lo muevas, y eso no es viable ni bonito. Un pelo rizado tiene vida y, cuando se mueve, se encrespa.

> ## "Para controlar el encrespamiento, mantén el pelo hidratado.

Mis consejos básicos para un pelo grueso y superseco son:

— Lávalo con algún champú para pelo rizado que suele ser más hidratante, o uno para pelo seco en general.
— Después del lavado aplícate una mascarilla muy hidratante. Siempre de las que recomiendan para pelo rizado o pelo muy castigado, a ser posible enriquecida con algún aceite o queratina.
— La mascarilla es más nutritiva y untuosa y el pelo rizado no se suele lavar tan a menudo, por lo que es mejor que el acondicionador.
— No aclares en exceso la mascarilla; es un buen truco dejar algo en el pelo. Te ayudará a combatir el encrespamiento y controlar el volumen.
— Después de lavar y antes de desenredar, aplica un aceite hidratante, una crema o un espray desenredante.
— Define el rizo con espumas en su justa medida para no acartonar. Si no te gusta esa textura o no necesitas bajar volumen, lo mejor son las cremas definidoras de rizos o geles.

Por el contrario, para cuidar un cabello rizado y fino, mis consejos son:

— Lávalo con un champú para pelo suave.
— Usa un acondicionador más hidratante para los medios y las puntas, y aclárelo muy bien.
— Una vez a la semana, sustituye el acondicionador por una mascarilla.
— Igual que con el pelo grueso y superseco, después de lavar y antes de desenredar aplica un aceite hidratante, una crema o un espray desenredante. Lo protegerás de las roturas.
— Aplica también algún producto para definir el rizo: en espuma, en gel, en crema, en espray. Hay mil.
— Si necesitas definición, pero te resultan muy pesados los productos, úsalos más ligeros. Los espráis de agua marina suaves potencian el rizo y dan volumen. Personalmente lo que más me gusta son las cremas definidoras, tanto para cabello fino como grueso y voluminoso, porque son las que más jugoso lo dejan.
— Prueba con el cabello mojado una cantidad pequeña bien extendida, primero en tus manos y luego empezando por las puntas reparte el producto por el resto del cabello.
— Para las capas de encima y el contorno de la cara, dibuja cada rizo con el definidor enroscando con los dedos. Déjalo así dibujado y espera que se seque al aire o usa el secador.

EL SECADO

Ten en cuenta que el rizo se encrespa si lo tocas mucho o usas un secador con mucho aire que lo abra y lo deforme. Si quieres bajar volumen, lo mejor es que lo dejes secar al natural sin apenas tocarlo. Pero como hacerlo de esta manera no siempre es posible, ayúdate de un buen difusor que no dé mucho aire. Gracias a este accesorio se controla el flujo de aire haciendo un secado parecido al natural.

Controla el encrespamiento y da volumen en la raíz, secando el cabello con la cabeza hacia abajo durante un rato y luego súbela. Si solo quieres que se seque, acerca el difusor al cabello y cuando esté seco, baja la cabeza y agita para darle naturalidad.

Subir y bajar la cabeza y remover las raíces con la mano es una forma de dar volumen, pero ten cuidado porque, dependiendo de tu rizo, puedes encresparlo. No todos los rizos se lo pueden permitir. Cuando esté a tu gusto aplica algún espray antihumedad, laca o espray de brillo para que dure mucho tiempo bonito.

Puedes conseguir un pelo de anuncio pasando la tenacilla por mechones. Esto hará que quede un rizo definido y perfecto. Combina varios tamaños de tenacillas para jugar con diferentes rizos y luego agita la cabeza para abrirlos y que queden naturales.

> En ocasiones especiales combina varios tamaños de tenacillas para definir tus rizos.

REAVIVA EL RIZO AL LEVANTARTE

Es posible que los días que no te laves el cabello necesites reavivar los rizos, para ello nada como humedecerlos con un espray de agua o desenredante, pasar los dedos y dejarlos secar al aire. A veces no se necesita, pero cuando el pelo coge mala forma al dormir, nada como mojarlo por encima. Aunque es cierto que sois muchas las que lo mojáis totalmente y rehidratáis con crema de rizos, desenredáis y dejáis secar al natural y queda igual de bonito.

Para evitar que se enrede y se encrespe mucho por la noche, duerme con una funda de seda. Las hay específicas de pelo *anti frizz* y doy fe de que funcionan.

SI TU RIZO PIERDE FORMA

Todo el tiempo estoy hablando y dando por hecho que quieres sacar lo mejor de tus rizos. Pero la suerte de las que lo tenéis así, es que es mucho más manejable que el liso y que de vez en cuando no pasa nada por moldearlo, alisarlo, hacer una onda rota o una onda de sirena. Eso sí, no te aconsejo que estés siempre alisándolo porque tiende a perder la forma.

Si eres de las que llevan tanto tiempo alisando que ya no tienes rizo, te diré que hay esperanza. Prueba a no tocar más un cepillo para alisar. La mejor época es en verano, que es cuando el rizo vuelve en la playa a todo su esplendor. La humedad lo dibuja solo, el agua de mar y la brisa son los mejores tratamientos de belleza. Bueno, eso y los aceites y las cremas hidratantes, y si tienen protectores solares, ¡mejor!

Tengo bastantes clientas que se alisan entre semana y dejan el rizo libre el fin de semana. O por temporadas. En invierno usan más el secador y en verano, rizos al aire.

El rizado, como todos los cabellos, envejece y pasa por muchas fases. Lo importante es encontrar solución a la pérdida de los rizos. Al llegar las canas, los cambios hormonales y el envejecimiento natural de la piel y el pelo, el rizo cambia y, a veces, se pierde. En estos casos, haz algún tratamiento especial en tu peluquería para rehidratar el pelo y empieza a mimarlo en casa como nunca. Y, si es necesario, cambia el tipo de coloración por la más amable posible.

NO TE QUEDES SIN SABER

Y ahora, unas últimas recomendaciones o trucos para todos los días.

— El pelo rizado es mucho más sensible a la humedad y el frío. En esos días lleva siempre un gorro y aplica un poco de laca o *anti frizz* antes de salir de casa.
— Usa tratamientos nocturnos de hidratación como dormir con aceites la noche antes de lavarlo. Aportan mucho brillo. Este tipo de cabello necesita toda la hidratación que le puedas dar.
— Cuando lo recojas, hazte retorcidos hacia atrás con los mechones. Los puedes sujetar con horquillas o gomas, y soltar cuando quieras.

— Como el cabello rizado no se cepilla en seco para nada, pues se abriría el rizo y se vería encrespado, aprovecha el día que lo vayas a lavar para cepillarlo. Empieza por la puntas y acaba desde la raíz a las puntas antes de mojarlo.
— No duermas con mascarilla a no ser que esté diseñada para ello. Lo normal de las mascarillas es que se apliquen con el pelo mojado.

> Las mascarillas están formuladas para hacer efecto en unos minutos. Con diez minutos y un poco de calor es suficiente.

— Si vas a algún *spa* y ves un baño turco o una sauna, aplícate una buena mascarilla en el pelo y ¡métete! El baño turco es mejor, pues el calor húmedo hace que penetre en el cabello y que exfolie el cuero cabelludo. Debo reconocer que yo no aguanto mucho, pero aunque sean solo unos minutos, es genial. En el salón usamos a menudo el vapor para nuestros tratamientos y para los barros. Devuelve la jugosidad al pelo. Como alternativa casera recurre al clásico turbante con mascarilla y una toalla mojada en agua caliente. Envuelve el cabello hasta que se enfríe. El calor hace que la mascarilla penetre en el interior del pelo.

— Después del verano o cuando sientas el cabello muy seco, no dudes en darte un tratamiento de hidratación profesional. Los hay de proteínas, de colágeno, de células madre, de reconstrucción celular... Verdaderas maravillas.

CAPÍTULO XI

El CABELLO LISO, sácale partido

Desde niña he escuchado que es una suerte tener el pelo liso. Y no ha sido hasta hace unos años cuando lo he empezado a valorar, porque es cómodo, precioso, siempre voy peinada y brilla como ninguno.

*Y*o soy de las que suelen ver siempre el vaso lleno y, aunque tuve una época en la que me ponía rulos para conseguir dos minutos de volumen y me hacía trenzas toda la noche para saber lo que se sentía teniendo una onda —que me duraba un suspiro—, enseguida vi las ventajas de mi pelo. Lo que no está reñido como te he dicho con declararme fan absoluta de los rizos y luchar contra la raíz grasa, que es una de las mayores peleas a las que nos enfrentamos las poseedoras de pelo liso.

La verdad es que este tipo de cabello varía si eres de las que tienen mucho y fuerte, liso contundente, melenaza de ensueño, o si es fino y escaso, que se rompe en las puntas y con la raíz grasa que se abre, como ha sido el mío hasta hace bien poco.

Si el tuyo es fuerte y abundante, no tendrás muchos problemas. Suele ser más o menos graso en la raíz y seco en las puntas. Si es así, lávalo con un champú neutro para volumen, pues no aportará peso y lo dejará más suelto y limpio que uno para pelo liso, que suele ser más pesado. También es el que te recomiendo si lo tienes liso y fino. A mí me encantan para melenas lisas los de raíz grasa y punta seca.

PELO LACIO Y CON VIDA

UN CORTE PERFECTO

Lo normal es que el corte busque algo de movimiento y volumen en la raíz. Al ser el cabello liso, suele pesar y verse muy plano. Ya te he hablado de los cortes de base recta y las capas invisibles, que son aquellas muy finas que no quitan volumen de la punta, al revés, dejan una base bien definida con la que se consigue movimiento en el contorno de la melena de una forma muy sutil. Cuando lo mueves no es un bloque, sino que se siente vaporoso.

Dependiendo de tus facciones, los *bob*, las melenas rectas en todos los largos, los flequillos de todos los tipos, más finos y abiertos, cortinas, despuntados..., lo bueno es que con un corte perfecto siempre vas peinada y con estas capas invisibles consigues movimiento.

El corto favorece también. Lo puedes llevar *pixie, garçon,* más despeinado...

> Si lo quieres supercorto hay que trabajarlo para que se vea con una caída fluida y no tipo de punta, a no ser que te apetezca este *look*.

En general, el pelo liso y muy largo puede parecer un poco manta. Si es tu caso, ten cuidado con las capas. Mejor trabajarlo en seco también para que la caída quede lo más natural posible. En el salón a veces hacemos capas en el contorno de la cara, sobre todo en rostros alargados. Crean movimiento y rompemos el efecto denso. Usamos una técnica que llamo «romper la punta». Es cuando se tiene una base demasiado compacta para hacerla fluida y descargamos tanto como creamos necesario.

Los *bob* suelen sentar muy bien, pues en la nuca son ligeramente más cortos y dan un punto sexi al corte. Esta pequeña diagonal da un efecto muy lineal y chic. Pueden ser cortos o *long bob,* a la altura de la clavícula, sin capas o solo con algunas invisibles por encima.

El *blunt cut* es perfecto para pelo fino y liso. Son cortes de una sola línea, corte cuadrado, sin capas. Suele ser a la altura de los pómulos, la barbilla o un poco más largo, siempre favoreciendo las facciones del rostro. Ahora están muy de moda con o sin flequillo, lineales, puros y muy estilosos. Dan la sensación del doble de pelo.

Las melenas largas setenteras sin capas y con o sin flequillo nunca pasarán de moda, y son un auténtico *hit* entre las quinceañeras españolas. A la salida de los colegios no reconoces a tu propia hija, van todas con el mismo pelo: liso, largo y entero. ¿Se lo plancharán o ahora todas las niñas adoran el pelo que yo odiaba? Hay que reconocer que tan largo y liso solo se aguanta unos años, así que, que lo disfruten. Luego te sueles aburrir y mueres por experimentar nuevos *looks.* Bueno, depende de tu personalidad y de tus ganas de aventura.

> **Para lucir una melena bonita, sana y fuerte sanea las puntas al menos cada tres meses.**

EL SECADO Y EL PEINADO

Claramente, si tu pelo es liso tabla, no necesitas hacer nada, lo dejas secar al aire y se queda tal cual. De hecho, si no tienes mucha cantidad no suele tardar mucho en secarse, pero como ya te conté dirigir el pelo con un buen secador puede proporcionarte mucho más volumen y movimiento que si lo dejas colgando en tu espalda.

Hay algunos lisos con tendencia a encresparse o que en ciertos puntos —como en la nuca o en las patillas— hacen una suave onda que queda rara, y solo con la fuerza del secador esos gestos quedan perfectos. Para terminar de pulir, a veces vas a necesitar un cepillo pala o cepillo cuadrangular grande y plano, que lo vas pasando a la vez que el secador. Es más fácil que con el cepillo redondo, con el que, por supuesto, puedes perfeccionar tu melena lisa si te das maña. Sobre todo a la hora de despegar el pelo del cuero cabelludo y darte volumen en la raíz. La mejor manera, además de lo que consigues secando con la cabeza hacia abajo, es cogiendo los mechones superiores y enrollando hacia arriba dando calor en la raíz. Así te quedará un bonito volumen en la raíz que te durará. También con el cepillo redondo puedes girar la punta hacia los lados y crear movimiento. Esto es un poco más difícil, pero tengo muchas clientas que en cinco minutos consiguen una melena increíble.

A mí me gusta cómo queda la melena lisa sin más, solo con un poco de volumen en la raíz. Yo lo seco al aire y a lo loco y lo cepillo mucho en el proceso para que vaya cogiendo cuerpo.

Algo que sucede bastante a las que tenemos el pelo liso es que al día siguiente de peinarlo las puntas van adonde quieren y el flequillo se dispara. Si no eres de raíz grasa y puedes aguantar sin lavarlo, mi consejo es que lo mojes un poco con agua y dejes que se seque al aire mientras desayunas. Así lo hago yo con mi flequillo y con el pelo de mis niñas. Luego lo cepillas y queda como nuevo. Es para evitar el toque de plancha que, evidentemente, es más rápido, pero no para todos los días, sobre todo si el pelo es fino.

Si tu cabello es muy graso no pasa nada por lavarlo a diario. Usa un champú suave y acondiciónalo siempre. Otro buen truco es el champú en seco suave. Aplícalo en la raíz, muévelo con los dedos, cepíllalo y cogerá al instante cuerpo. Yo lo utilizo mucho en producciones para dar textura. Me encanta.

Hay clientas que tienen el cabello muy graso y no lo lavan pensando que es malo hacerlo todos los días. No es así. Es peor llevarlo graso y sucio. Se ve poco pelo y da un aspecto un poco dejado. O champú en seco o lavado diario, nunca esa coleta grasa que da un aspecto deplorable.

LA COLORACIÓN

Con el color se consigue crear muchos efectos ópticos, y el pelo liso, aunque es muy brillante, dependiendo de tu color de base, puede ser muy monótono, por lo que puedes iluminarlo con diferentes técnicas de coloración que te ayudarán a crear movimiento jugando con el claroscuro.

En general, las técnicas de degradados de color con raíces más oscuras son perfectas para pelos lisos, que en el cuero cabelludo necesitan sensación de densidad y en los medios y las puntas movimiento.

Ponte siempre en manos de un buen colorista que te ayude a sacar el mayor partido a tu pelo y tu rostro, de todas formas aquí te dejo tres consejos según tengas un tipo de pelo u otro.

Si tienes poco pelo y claro, haz baños oscuros para que te den el efecto óptico de más cantidad.

Si lo tienes fino y delicado, usa siempre la coloración más natural para que no agreda al pelo.

Si es grueso y liso, puedes permitirte más cambios y colores más alternativos, ya que lucirá bonito.

En el pelo liso los cortes y los colores tienen que estar muy bien hechos, ya que se ve cualquier imperfección. Mi recomendación es que salgas de la peluquería con el pelo como lo lleves todos los días. De esta forma comprobarás que tanto color como corte quedan geniales así sin peinar.

OTROS TRUCOS PARA DAR VOLUMEN

Te he hablado de un peinado rápido, pero si quieres hacer algo especial un fin de semana hay muchas herramientas y maneras de peinarlo que te pueden hacer salir de la rutina y lucir un pelo con volumen. Te voy a dar algunos trucos para buscar *looks* distintos. Unos son más fáciles que otros y está claro que hay lisos y lisos.

Además de lo dicho para conseguir un volumen natural secando boca abajo o haciendo un *brushing* con un cepillo y secador, te puedes hacer ondas con la plancha, la tenacilla o las mil y una herramientas —cepillo de aire, tenacillas dobles o triples...— que existen en la actualidad en el mercado. Es una forma de conseguir una preciosa melena con volumen.

Con el cabello mojado usa un espray protector de calor, aceite o crema que haga de barrera, es el mejor modo de que el producto se funda con el pelo para evitar la sensación de apelmazamiento. Ten en cuenta que no debes usar ninguna fuente de calor pegada, ni plancha, ni tenacilla, con el pelo húmedo.

> Con la tenacilla consigues ondas con más volumen.

Con la plancha es un poco más difícil conseguir ese volumen desde la raíz, pero depende de lo habilidosa que seas. La nueva generación de cepillos con aire caliente que se hacen con el pelo un poco húmedo consigue un efecto parecido al del *brushing,* volumen y cuerpo con el pelo pulido. Los hay muy sencillos, anímate a probarlos.

Pero si esto te parece ciencia ficción y lo has intentado mil veces y te queda fatal, hay pequeños gestos más fáciles que consiguen darle cierto movimiento a tu melena y evitar que quede superlacio.

Las clásicas trenzas en el pelo al abrirlas quedan como de sirena. Si haces una sola y floja hace una onda más grande. Deja las puntas lisas, aplica un poco de laca, ponte unas horquillas bonitas y puede ser perfectamente un peinado muy *cool* para una noche.

Hay muchas chicas de pelo liso y domable que lo enrollan en un moñito para dormir y por la mañana tienen una onda suave. Y si lo haces encima de la cabeza no te molestará y te quedará con volumen en la raíz. Muchas veces es lo que hago a las modelos para deshacer el efecto de la tenacilla y conseguir más volumen. Después de trabajarlo con *brushing,* paso la tenacilla para que no se baje, hago un moñito enrollando el pelo sobre sí mismo y sujeto con una goma en la parte superior. Y antes de salir al evento o hacer las fotos suelto la melena, aplico laca o texturizador y tienen un melenón. Compruébalo y ya verás.

Otro truco para conseguir volumen en la raíz y que dure es hacer microcardado. Como ya te he dicho con el pelo fino, levanta mechones, carda con un peine en sentido contrario al nacimiento y pulveriza un poco de laca. Recuerda que debes hacerlo con cuidado para evitar el efecto nido de pájaro o volumen sesentero muy clásico. Si lo haces sutil y adaptado para favorecer tu rostro, puede ser un arma perfecta. Nosotras en moda y para peinados lo usamos mucho, incluso para hacer una coleta con gracia, pero ya te digo que hay que hacerlo de forma muy sutil y deshacer con los dedos para que quede muy natural.

Hay una plancha que consigue una onda pequeña y ochentera en zigzag que si la haces en la raíz de las capas internas también da volumen y no se baja. Así no necesitas cardar ni laca.

NO TE QUEDES SIN SABER

Las extensiones son una buena forma de conseguir volumen. Las hay de muchos tipos: de queratina, de grapa, de línea, adhesivas, de quita y pon... Puedes necesitarlas, o bien para dar un poco más de volumen, o bien para alargar. Es muy típico del pelo fino que no llegue nunca al largo que deseas, pues las puntas no cogen peso, parece que se rompen y no crecen. Es verdad que esto sucede también con el pelo ondulado y rizado, pero es más habitual en el liso o medio liso.

En el salón ponemos extensiones, unas que son una maravilla con el método de queratina natural —hay que ir cambiando cada tres meses más o menos— tanto para dar volumen como para conseguir el largo soñado.

Desear una melena poderosa es algo que tenemos interiorizado desde la antigüedad. En varias momias encontradas alrededor del Nilo aparecen extensiones de cabello trenzadas al pelo propio, y en las representaciones figurativas a menudo han aparecido figuras de todos los sexos con pelucas y extensiones. Tener un cabello denso y hermoso marcaba una diferencia social, el cabello con peinados elaborados que exigían horas de elaboración por un profesional era símbolo de poder.

Yo he llevado extensiones y para mí fue un descubrimiento sentir que tenía volumen y que los peinados me duraban. Me vinieron genial después de ser madre, pero no me ponía muchas, las cambiaba cada tres meses y las cuidaba con amor. Así cuando mi pelo se recuperó fui desenganchándome y poniéndome cada vez menos hasta que me reencontré con mi pelo liso y volví a quererlo.

Sobre este tema he escrito mucho y quiero que tengas presente ciertas reglas, aunque es necesario estudiar caso por caso:

— No dañan el pelo para nada, pero no son aptas para todos los cabellos.
— Si tu pelo está sano, las puedes llevar una temporada, pero tampoco te acostumbres a este sueño. Una época está bien, pero se tiende a olvidar el propio pelo y a no darle los cuidados que necesita.
— Ten en cuenta el peso de cada mechón y no tires de él porque te puedes arrancar tu propio pelo.
— Cepíllalas e hidrátalas bien.
— Es preferible que las seques al natural y luego les des un toque de tenacilla o plancha, eso sí, sin tocar la unión, ya sea de queratina, de adhesivas tape o de grapa.

— Puedes hacerte con unas tiras de pelo natural exactas a tu color y poner y quitar para eventos.

— Hay extensiones fáciles de poner en forma de coleta, de pequeña trenza, flequillos de quita y pon... Son geniales para ir a un evento y lucir melenaza o hacerse una coleta al estilo de nuestra Rosalía, que está de moda.

> Las extensiones son un truco perfecto para conseguir el volumen soñado.

CAPÍTULO XII

PREPARA *tu* PELO *para esa*

ocasión

especial

Llevar un cabello perfecto es el complemento ideal para brillar con luz propia en cualquier evento, y si no, fíjate en las grandes ceremonias del cine, tanto internacionales como de nuestro país.

*L*as actrices e invitadas se preparan durante semanas para cualquier gran evento y el pelo es siempre la guinda del pastel, la clave que completa el *look*. Tiene que armonizar con el vestuario y potenciarlo. Y no es una decisión del último segundo. Para dar con la «tecla» a veces hay que ir probando. Nadie nace sabiendo lo que más nos favorece en cada momento. Está claro que si te pones en manos de profesionales tienes todas las de ganar, pero es más seguro prepararse y tener en cuenta algunas cosas cruciales para brillar ese día como una estrella de Hollywood.

Cuántas veces hemos visto *celebrities* luciendo el vestido de nuestros sueños con un peinado que le hacía diez años mayor; o al revés, con un vestido sencillo pero que con ese pelo y maquillaje irradiaba juventud y elegancia. El éxito está en los detalles.

En nuestro salón peinamos a las clientas para todo tipo de eventos: para bodas, bautizos, comuniones, aniversarios, fiestas varias... Puedes ser la protagonista, la hermana, la prima o la madre o estar invitada a cualquiera de estas ceremonias. O simplemente puedes tener tu graduación, una cita importante o querer llegar perfecta a una fecha para sorprender a tu pareja, a tu familia o a ti misma. Nos preguntan meses antes qué pueden hacer para llegar perfectas. Hay muchas que, aunque no nos conocen, confían en nuestra experiencia para deslumbrar, y, por supuesto, las acompañamos y asesoramos en la puesta a punto de su pelo para ese día especial.

Pero no sabes la cantidad de veces que nos encontramos con clientas que vienen para hacerse un peinado determinado para un evento con un pelo que no está en condiciones. Por ejemplo, somos especialistas en melenas espectaculares con ondas, y son muchas las clientas que nos las piden, pero uno de los secretos para que la onda quede bonita, pulida, con brillo y natural es que el pelo esté muy hidratado.

> **La preparación del pelo es vital para triunfar y brillar en tu fiesta.**

Recuerdo a una novia que vino a la prueba con una foto de una melena suelta con ondas grandes y recogido a un lado. Un peinado precioso y sencillo. Pero ella tenía el cabello muy seco y encrespado y las puntas tan abiertas que nos fue muy difícil trabajarlo. La onda quedó preciosa, pero no como en la foto. Las puntas eran insalvables. Le prometí que si venía a cuidárselo en un mes lo tendría increíble. Así lo hicimos, lo estudiamos y diseñamos un ritual de cuidados como el que te cuento a continuación —corte de pelo, tratamientos intensivos en el salón y en casa…— y ese día su pelo brilló como nunca y nos quedó una onda increíble y la melena de sus sueños.

Lo más sencillo es lo más bonito, y no todo es que te peine un peluquero competente, que por supuesto es fundamental, pero el trabajo anterior es algo que solo tú puedes hacer y planear. Si ese trabajo está hecho, podrás hasta peinarte tú sola y conseguir deslumbrar.

CUIDADOS PREVIOS

Lo normal es ir preparando el cabello desde el momento en el que te enteras de la fecha de la celebración, ya que los cuidados no se pueden dejar para el último momento, sino que es un trabajo de constancia. Yo insisto a mis clientas en estos cinco puntos para llegar a la fecha señalada con el pelo perfecto. Ten en cuenta que es mucho más fácil trabajar con un pelo sano y brillante que con uno que se encrespa, está seco y maltratado. ¡Hasta para hacer un moñito de bailarina! No lo dudes.

01 EL CORTE

Lo normal es dejar crecer el pelo para tu día especial, pero el corte es básico para que las puntas se regeneren y no llegues al evento con el cabello pajizo e indomable. Además, una forma bonita de melena no con muchas capas, pero con las puntas sanas ayuda y mucho hasta para hacer una trenza. Nada de dejar un año el pelo sin tocar en una coleta. ¡No, por favor! Al contrario, que luzca más bonito que nunca. Es un mito lo de que lo necesites larguísimo para hacer un peinado especial. Hoy en día hay mil formas de conseguir peinados espectaculares, aunque, claro, siempre con cabellos sanos. Te sorprenderías de la cantidad de clientas a las que corto el pelo semanas antes de su fiesta o boda, porque es tan excesivo el largo que resulta difícil de trabajar.

 ## EL COLOR

El color tiene que estar definido meses antes. Si nunca te has hecho nada y tu pelo es apagado, hay que darle luz. Ya te he dicho que hoy la coloración es natural y las técnicas muy cuidadas para que se vea fundido con tu base. No esperes a la última semana para cambiar, hazlo unos meses antes y el retoque final como quince días antes de la fecha para lavarlo y que quede superintegrado y perfecto.

Tengo muchas historias de novias, por ejemplo, que vienen al salón días previos a la boda con un arreglo dificilísimo de color porque decidieron probar esta o aquella peluquería donde a su amiga se lo habían hecho fenomenal pero a ella la dejaron horrible. Sé fiel a tu salón si te gusta cómo te dan el color y, si no te convence, piénsalo con tiempo y cambia.

LA HIDRATACIÓN

Igual que eliminas de la piel las células muertas y tratas el rostro, tu cabello tiene cuero cabelludo que al exfoliar se oxigena y crece el pelo más fuerte y con brillo. Y hablando de brillos, los tratamientos para las melenas en el salón van más allá de los cuidados que te haces en casa, que, como digo y de los que volveremos a hablar ahora mismo, son fundamentales también.

Déjate mimar para ese evento especial, devuelve el brillo a tu cabello y cierra cutículas. Hay tratamientos diferentes, ya que hay necesidades distintas. Es uno de los consejos que doy en las pruebas de peinado o de asesoramiento. Muchas clientas tienen el cabello en condiciones óptimas de hidratación y solo hay que ajustar color o corte, pero en casos de muchísimo volumen, pelo encrespado, puntas secas, pelo debilitado, cuero cabelludo alterado, etc., los tratamientos te pueden cambiar la vida o por lo menos mejorarla notablemente.

CUIDADOS EN CASA

En casa debes mantener la fuerza y la hidratación en las puntas con mascarillas y una buena higiene del cuero cabelludo con un champú apropiado para tu tipo de pelo. Pregunta a tu peluquero de confianza sobre los mejores cuidados, ya que dependerá de las necesidades de tu cabello.

Si es graso o muy fino hay productos más suaves que limpian el pelo e hidratan las puntas a la vez que le dan fuerza sin engrasar. Sin embargo, si es seco deberás usar mascarillas más cremosas e incluso ayudarte de trucos caseros como aplicar calor húmedo en la sauna del *gym* o una toalla caliente en casa para que penetre bien. Todo eso para que las puntas no se abran.

Si eres de la que usa mil mascarillas y aun así no lo sientes con brillo, añade a tu rutina capilar aceites para el pelo. Puedes usarlos por la noche y aclarar a la mañana siguiente o utilizar los que son específicos sin aclarado, que se aplican con el cabello mojado antes de peinar y que protegen del secador y hacen efecto antiencrespamiento.

LA PRUEBA DE PEINADO

Pide una prueba de peinado en tu salón. En una sola sesión podrás jugar con el pelo y ver qué te sienta bien.

> Completa la experiencia haciendo fotos de tus *looks* para tenerlos de referencia.

No solo para las novias, para cualquier evento necesitas ir segura. También puedes jugar con diferentes peinados en distintos días aprovechando las visitas al salón. O en casa, experimentando, porque será la forma de comprobar cuál es el que te queda mejor, con qué tipo de peinado te sientes más identificada o con cuál te ven más guapa. Las pruebas te descubren muchas cosas de ti, especialmente si eres de las que no se suelen hacer recogidos, pero has elegido un vestido que exige llevar el pelo retirado del rostro.

En el caso de una boda —que se suele tomar la preparación mucho más en serio—, la prueba del peinado de novia es uno de los pasos más bonitos. Tómate una mañana o una tarde libre y disfrútala. Intenta elegir un día tranquilo entre semana para el salón y no dudes en consultar todas las dudas que tengas. ¡Y nada de prisas! Se pueden hacer tantos peinados bonitos que a veces el éxito es la comunicación y entender lo que cada novia encuentra especial y favorecedor.

Me preguntan si me gusta que la novia venga a las pruebas con gente o sola, y siempre contesto que si la compañía es constructiva, no me importa que venga con amigas, primas, madres..., la mayoría lo hacen, estoy acostumbrada a trabajar mientras me miran muchos ojos, no me intimida. De hecho, suele ser un momento divertido y alegre. La compañía tiene que dejar hacer y respetar la conexión entre la novia y el profesional. Luego es bueno participar con todo tipo de sugerencias, pero sin romper ese vínculo que tiene que salir de la novia. Hay muchas acompañantes que aportan mucho y es bonito, pero hay algunas que son más incómodas, en especial cuando madre e hija no piensan igual. Pero, bueno, hay que tener psicología en la vida para todo.

A mí me encanta hacer novias y peinados especiales de fiesta, alfombra roja, etc., y estoy habituada a trabajar en momentos de tensión. Tengo un carácter tranquilo —afortunadamente— y eso es maravilloso para si el día de la boda surge algún imprevisto saber reaccionar.

Creo que las anécdotas más graciosas de mi carrera profesional me han ocurrido peinando a novias y a sus familias. También a *celebrities* para eventos importantes o clientas para sus fiestas de aniversario. Peinados para días especiales crean anécdotas especiales. Es un día en el que estamos más nerviosas y pendientes de muchas cosas. No es lo mismo el día de tu boda que dar una fiesta en tu casa y estar pendiente de mil cosas mientras te arreglas.

> Planea, agenda bien ese día importante y date tiempo para el maquillaje y el pelo sin interrupciones.

Así lo solemos aconsejar y es la mejor forma de disfrutar de los preparativos y tener éxito.

ERRORES TÍPICOS ANTES DEL EVENTO

Para mí, el peor es que en el último mes cambies de color o de corte en otra peluquería que no sea la tuya de confianza. Ya te he dicho que casi todas las temporadas tenemos varias novias desesperadas porque alguna amiga la convenció de darse el color en su pelu y decidió probar con un resultado no satisfactorio. Total, que toca arreglar el color.

Otro error es hacerse un corte para sanear un mes antes —si es con tu peluquero de siempre y por una causa justificada, vale, pero nada de experimentos—, y uno más es no hacer la prueba de peinado. A lo largo de mi carrera he peinado a muchas mujeres que conocí por primera vez el día de ese evento tan especial y se quedaron felices y todo salió bien. Pero es mejor conocerse y tener claro más o menos lo que te vas a hacer, porque es un día muy emocional en el que no conviene ensayar.

Antes de diseñar el vestido piensa si tienes alguna preferencia de tu *look* de pelo. Lo digo porque también he tenido clientas que solo se veían guapas con el cabello suelto y, sin embargo, el vestido exigía un recogido —por un cuello demasiado cerrado, unas grandes mangas o pedrería en el cuello que se enredaba con el pelo—. Si esa es tu decisión, o si sabes perfectamente el peinado que quieres, debes comunicárselo a tu diseñador. Son detalles que luego hacen que te veas rara.

En el caso de que el vestido exija un recogido, lo ideal es recogértelo meses antes para salir a la calle, y ver más o menos cómo te sientes. Puede que al principio te veas rara y luego te acostumbres y te encante, o descubras que te gusta, pero con un volumen aquí o unos mechones sueltos allá. Es dar con la clave, de ahí la importancia del tiempo y de las pruebas.

EL PEINADO DE LA NOVIA

En el apartado de ocasiones especiales, el del día de la boda exige un espacio propio. Le damos la importancia que merece y nos tomamos en serio los preparativos que he descrito antes.

Actualmente los peinados de las novias son más naturales —como en moda—. Ya no se lleva ni gusta los que son muy armados, volúmenes exagerados o texturas muy encorsetadas y enlacadas. Desde hace años lo normal son las melenas brillantes, los recogidos sencillos —o que parezcan sencillos—, las texturas flojas o más pulidas tipo bailarina. En definitiva, el que más o menos sueles hacerte en tu vida diaria, pero mejor hecho.

LOS RECOGIDOS

La moda también afecta al *look* nupcial. Hubo una época de melena suelta o de trenzas y peinados trenzados más elaborados, pero ha vuelto el recogido *minimal,* sobre todo del *bun,* el moñito pequeño como de bailarina en la nuca, en el hueso occipital, hasta arriba en la coronilla o bien alto. El *bun* se lleva tirante y flojo. Con raya al medio, de lado o tirante todo hacia atrás. Ahora es furor tanto para alfombra roja como para boda. Con flequillo me gusta y también con textura floja, esto es, más roto.

La coleta entra en esta modalidad y es otro gran peinado que siempre queda bien. La baja, la alta, con alguna decoración, con más o menos volumen, sesentera o pulida. Hay mil versiones y todas me encantan.

Por supuesto siempre hay novias más clásicas que quieren peinados más elaborados, sobre todo recogidos con más volumen o con un diseño un poco más especial. Suelen ser bajos y para ello muchas veces usamos tiras de extensiones para conseguir mayor densidad de pelo.

Para novias con estilo más romántico, las trenzas y los recogidos con trenzas siguen estando presentes, aunque quizás ya no con tanta fuerza.

LAS MELENAS

Melenas sueltas con ondas suaves y rotas o más glamurosas. Para las más espectaculares nos ayudamos de extensiones de cabello natural, sobre todo de tiras de pelo que nos dan densidad de volumen sin necesidad de cardar, dando un resultado mucho más natural. Ahora hacemos muchas con efecto *wet* —mojado— hacia atrás. Es una opción muy buena porque se despeja el rostro y queda bien con cualquier largo de pelo.

Las novias con medias melenas sueltas o con ondas —desde la surfera a la más *vintage*— peinadas hacia atrás me encantan.

LOS SEMIRRECOGIDOS

Aunque a veces las novias quieren el pelo suelto, prefieren ir a la iglesia o la ceremonia con el rostro y el cuello más despejados. En el salón optamos por recoger una parte solo —puede ser un lateral— o los dos lados sujetos con algún tocado. Hacemos el peinado para ir luego soltándolo y lucir varios peinados en un día.

También puedes hacer retorcidos de tal forma que en el baile lo sueltes y te quede una melena ideal. Son los famosos peinados desmontables.

EL VESTIDO Y LAS JOYAS

¿Influye el vestido en el peinado? Ya te lo he comentado antes: es fundamental que el conjunto se vea armónico y fluya.

Ahora las novias están más informadas y el estilo lo suelen tener más claro. A mí me gusta enseñar fotos de inspiración y jugar con el pelo hasta conseguir el *look* que más les favorece a su cara y al vestido. Lo normal es ir construyendo hasta llegar a la idea perfecta.

Si quieres una coleta, podrás llevar cualquier vestido; pero si tu sueño es lucir una melena de ondas, avisa al diseñador, pues este es un peinado que marca mucho y exige un estilo acorde.

> Con las joyas recargadas o tiaras familiares, lleva un recogido para lucirlas de forma sencilla.

TÚ TAMBIÉN PUEDES TENER PELAZO

★

Los vestidos escotados y más sencillos en la parte
*de arriba acompañan
bien las melenas*
que llenan el escote vacío y no tropiezan
con tela o adornos. Si el escote es cerrado,
las mangas llevan adornos o las telas son
muy decoradas, lleva el cabello retirado
del rostro y del cuello.

★

DESMONTANDO
mitos

Me gustaría terminar el libro haciendo un repaso de los mitos que hay sobre el cuidado del cabello. Son preguntas que me han hecho durante todos los años que llevo en esta profesión y que más gracia me hacen. De algunas ya te he hablado, pero no está de más recordarlas de nuevo. Estoy segura de que te resultarán interesantes y también divertidas.

SI TE ARRANCAS UNA CANA, ¿SALEN MUCHAS MÁS?

Rotundamente no. Ya te he dicho por qué salen las canas, por una ausencia de melanina, y eso es debido al envejecimiento del folículo piloso. No pasa nada si te las arrancas, aunque yo tenía una clienta que lo hacía en una determinada área. Se las quitó con pinzas y se le formó una minicalva. Eso pasa también en las cejas, por eso mejor córtalas con unas tijeras. Más vale prevenir.

¿CORTAR EL PELO AL CERO A UN BEBÉ, HACE QUE LE CREZCA MÁS FUERTE?

No. El cabello tiene sus fases. Cuando nace está en fase de reposo y pasará a fase de caída en unos tres o cuatro meses, así que lo normal es que se caiga solo.

A veces se cae mucho sobre todo en la zona de atrás por estar tumbados. Queda feo y por eso se les corta si parece que tienen calvas, por una cuestión estética, para que crezca luego todo por igual. Pero es un mito que vaya a crecer más fuerte.

¿EL PELO MOJADO SE ESTROPEA E INCLUSO SE PUDRE?

Ya te he explicado que el cabello mojado es más frágil, pero no hay ninguna evidencia que por estar mojado se pudra o pueda causar algún mal.

¿LAVAR MUCHO EL PELO HACE QUE SE CAIGA MÁS?

Ni hace que se te caiga más, ni que se ensucie más rápido, ni se acostumbra. El cabello que se cae al lavarlo o cepillarlo está en fase de caída, se iba a caer igualmente. Y ni se ensucia ni se acostumbra. No es malo lavar el pelo todos los días. Es verdad que el proceso del lavado y el secado al final conlleva fricción, oxidación del agua, el secado y peinado, y que esto si lo haces bien lo puedes hacer a diario, pero en general es más tedioso y no siempre se toma el tiempo de hacerlo con cuidado, por eso es más cómodo espaciar los lavados. Yo me lavo todos los días y me seco en tres minutos con mucho mimo y no daño para nada el pelo. ¡¡Nunca el pelo sucio!!

¿ES MALO EL CHAMPÚ CON SULFATOS?

Realmente no es malo. Casi todos los champús de las grandes superficies llevan sulfatos. Es el modo más común de eliminar la grasa y están presentes también en muchos jabones. Son los que hacen la espuma que arrastra la suciedad. Sin embargo, si tienes el cuero cabelludo sensible, pueden irritarlo, por lo que resultan menos recomendables; también pueden arrastrar el color y los tratamientos de queratina e hidratación, por eso han aparecido productos de lavado más suave, sin sulfatos o bajos en ellos, que los sustituyen por otros componentes lavantes y que hacen menos espuma. Limpian igualmente y son más cuidadosos con el cuero cabelludo sin secarlo.

¿ES MALO HACERSE COLETAS O RECOGIDOS TIRANTES?

Es malo si tiras mucho del pelo hacia atrás todos los días de tu vida. De hecho, hay un tipo de alopecia que es por tensión en la línea de nacimiento en el cuero cabelludo y patillas.

¿ES CIERTO QUE CORTARSE EL PELO CON LA FASE LUNAR EN CUARTO CRECIENTE HACE QUE CREZCA MÁS RÁPIDO?

No hay evidencias científicas y yo he oído que no se puede demostrar, pero tengo clientas que sí lo creen. Considero que si crees en algo ciegamente, esto se materializa, por eso mis clientas que lo sostienen de verdad se lo cortan y les crece el pelo más rápido. Siempre quedará la duda de si es la fuerza de nuestra psique o la luna que tiene poderes. Como no es algo que dañe, siempre que he querido que mi pelo crezca más rápido me he unido a la corriente lunática.

¿ES MALO QUE VAYAN LOS NIÑOS AL COLE CON EL PELO RECOGIDO?

No es malo y es aconsejable por un tema de contagio de piojos. No sé qué ocurre en los colegios últimamente, pero los nuevos piojos son farmacorresistentes y se reproducen como plagas. Al cole, las niñas con trenzas y coletas y bien de esencia de árbol de té, que dicen que los ahuyenta.

¿LLEVAR SIEMPRE LA RAYA EN EL MISMO LADO PUEDE CAUSAR ALOPECIA?

Es raro que esté siempre en el mismo sitio, pero yo he visto cómo de llevar el pelo en el mismo lugar este queda más debilitado, algunos con una entrada más pronunciada, aunque no diría alopecia. Te recomiendo moverla de un lado a otro para que el pelo no se envicie.

SI TE CORTAS EL PELO, ¿CRECE MÁS RÁPIDO Y SANO?

En realidad no tiene base científica. El hecho de cortar las puntas no alterará el bulbo del cabello. En verdad deberíamos decir que sentirás que la melena tiene más cuerpo y está más densa al engordar las puntas, que es lo que visualmente siempre hace que tengamos el pelo debilitado. Es un puro efecto visual. Con una punta sana y reforzada parecerá que tienes más pelo y más sano.

¿CEPILLARSE CIEN VECES ANTES DE DORMIR ES LO MEJOR PARA EL PELO?

Ya te he hablado de la importancia del cepillado y lo fundamental de evitar enredones, alinear cutículas y hasta masajear el cuero cabelludo, pero para nada cien veces. En realidad cepillar en exceso puede producir el efecto contrario al que deseamos. Cepilla diariamente, pero un par de pasadas, empezando siempre por las puntas. Y si tu cabello es rizado, con hacerlo cuando te vayas a lavar es suficiente. Evita, eso sí, enredones abriendo con los dedos los rizos.

¿LAS GOMAS Y HORQUILLAS DAÑAN EL PELO?

No todas, hay que elegir forradas y no las típicas que son las que lo parten. Las mejores son, como te digo, las forradas o las que van en espiral. Y las horquillas, si al quitarlas arrancan el pelo, tíralas. Solo usa las que se deslicen con facilidad.

¿HACEN DAÑO LAS TENACILLAS, PLANCHAS U OTRAS HERRAMIENTAS DE CALOR?

Depende, evidentemente, de cuál uses y de cómo sea o esté de sensible tu pelo. En general, una buena herramienta en un cabello sano usada con cabeza no hace daño. Pero si tu pelo es muy fino y abusas, se puede llegar a romper. Por eso para el día a día te recomiendo secarlo más natural y, para alguna ocasión especial, un toque de plancha o tenacilla. Siempre aplica un protector de calor en mojado antes de secar y nunca pases la tenacilla o la plancha con el cabello mojado. Ya te he dicho que es el estado más delicado del pelo.

¿PUEDE CAMBIAR LA TEXTURA DEL PELO?

¿Lo tenías antes más rizado o más liso? Esto yo lo tengo más que comprobado, pero la verdad es que no sé muy bien por qué, excepto en casos superclaros como un tratamiento de quimioterapia —son muchas a las que el pelo nuevo les sale diferente—, pero le pregunté a la doctora Rosa del Río y me dijo que debido a la disminución de estrógenos y los cambios hormonales, en general, puede producirse, aunque no se sabe a ciencia cierta por qué unas veces pasa y otras no. Es un reflejo en el pelo más del paso del tiempo y de la disminución de los estrógenos. Para todas las mujeres que se preguntan por qué de repente su pelo es más liso, ya no se riza o al revés, ahí está la respuesta: los cambios hormonales.

¿ME PUEDO TEÑIR ESTANDO CON LA MENSTRUACIÓN?

He dejado esta pregunta para el final porque es una de las más curiosas que he oído —junto con la de saber si yo tengo la regla cuando les corto el pelo porque dicen que no les crecerá tan rápido—. La respuesta es que con la menstruación el color queda igual, lo único que puede pasar es que no te apetezca ir al salón o estés más sensible, pero puedes hacer todo lo que quieras. Imagino que son creencias antiguas que todavía sobreviven.

Agradecimientos

Me ha encantado hacer este libro, lo que he vivido, aprendido y experimentado en estos años con esta bonita profesión. Pero si hay una persona que me ha transmitido esta pasión y toda la sabiduría del mundo, esa ha sido mi madre, Cheska. Desde esos momentos mágicos en los que me hacía trenzas cuando era pequeña explicándome con amor que al hacerlas tirantes mi cara se veía más bonita por mis facciones finas hasta ahora mismo que termina de releer mis consejos y me felicita emocionada. Ella siempre ha sido mi compañía en todos mis caminos, mis nuevos proyectos y en cada uno de ellos ha sido mi luz. Me ha enseñado todo lo que sabe de la vida y me ha contagiado esa actitud positiva y vital, inquieta y observadora. Por eso mi primer agradecimiento es para ella.

En realidad a toda mi familia: a mis padres y hermanos, a mi marido, Felipe, y a mis hijos. Todo lo que en mi casa aprendí se lo transmito sin querer a ellos. A mis queridas hermanas, Cheska, con la que trabajo a diario, mi apoyo y la que me libera tiempo para poder dedicarme a escribir; y

Marta, mi hermana periodista que me animaba a seguir adelante con mis consejos, diciéndome lo mucho que estaba aprendiendo.

A los profesionales que me he encontrado en mi camino y con los que mantengo conversaciones muy enriquecedoras sobre nuestro mundo de la peluquería.

A otros peluqueros, maquilladores, dermatólogos, nutricionistas, psicólogos y muchas editoras de moda y sobre todo de belleza de las revistas y blogs de este país. Con sus preguntas me han hecho ver que mis respuestas interesan, y me han empoderado con mil piropos que me han hecho sentir increíble. No se imaginan lo importante que es para mí que me pidan consejo. Ellas saben quiénes son y les doy las gracias.

A la doctora Rosa del Río, directora de la Unidad de Dermatología Estética del Grupo Pedro Jaén. No solo es mi dermatóloga de confianza, sino que me ha ayudado con su consejos explicándome con paciencia conceptos más técnicos.

A Verónica García Cuadrado, *coach* de salud y nutrición. Entre corte y corte siempre hemos tenido unas conversaciones de lo más enriquecedoras y el capítulo de la alimentación es resultado en gran parte de ellas.

Un especial agradecimiento a mi equipo. Trabaja codo a codo conmigo y vive estas aventuras siempre con energía y fuerza. Todas vivimos y compartimos esta pasión.

Y, por último, quiero dar las gracias de todo corazón a cada cliente que pasa por mi salón, que me revela sus inquietudes, que alaba mi trabajo y que me cuenta cómo ha puesto en práctica mis trucos y consejos. Y a los que vinieron y no acerté también les doy las gracias, porque fueron un aprendizaje en mi carrera, quizá más que con los que triunfé, porque me motivaron para seguir luchando por ser mejor.

Printed in the USA
CPSIA information can be obtained
at www.ICGtesting.com
LVHW090740040424
775918LV00001B/7

9 788491 395331